El Buda Śākyamuni, Mahākaśyapa y Ananda

Jiang, Yi Tze

El Buddha Amitābha

Jiang, Yi Tze

La Asamblea del Buda
Maestro de la Medicina

El Buda Maestro de la Medicina

El Bodhisattva Mañjuśrī

El Bodhisattva Maitreya

El Bodhisattva Avalokiteśvara

El Bodhisattva de Gran Fuerza

El Bodhisattva Rey de la Medicina

El Bodhisattva Medicina Superior

El Bodhisattva de Intención Inagotable

El Bodhisattva del Luz Solar
Universalmente Radiante

El Bodhisattva Luz Lunar
Universalmente Radiante

El Bodhisattva Enjoyada
Flor Udumbara

El Bodhisattva Samantabhadra

Jiang, Yi Tze

El Venerable Maestro Hsuan Hua

Sutra sobre el Maestro de la Medicina

Sutra sobre el mérito y virtud de los votos originales del Tathāgata Maestro de la Medicina Luz de Vaiḍūrya: una explicación simple

(Bhaiṣajyaguru Vaiḍūrya Prabhasa Tathāgata)

Sutra sobre el Maestro de la Medicina

Sutra sobre el mérito y virtud de los votos originales del Tathāgata Maestro de la Medicina Luz de Vaiḍūrya: una explicación simple

(Bhaiṣajyaguru Vaiḍūrya Prabhasa Tathāgata)

Explicado por el Venerable Maestro Hsuan Hua en 1983,
en el Monasterio de Rueda de Oro; Los Angeles, U.S.A.

Traducción al español realizada por la
Sociedad de Traducción de Textos Budistas

Sociedad de Traducción de Textos Budistas
Universidad Budista del Reino del Dharma
Asociación Budista del Reino del Dharma
Burlingame, California U.S.A.

Sutra sobre el mérito y virtud de los votos originales del Tathāgata Maestro de la Medicina Luz de Vaiḍūrya 藥師琉璃光如來本願功德經淺釋－西班牙文版

Publicado y traducido por la Sociedad de Traducción de Textos Budistas
1777 Murchison Drive, Burlingame; CA 94010-4504

Primera edición china titulada: 藥師琉璃光如來本願功德經淺釋
Primera edición inglesa titulada: Sutra of the Merit and Virtue of the Past Vows of Medicine Master Vaiḍūrya Light Tathāgata: a simple explanation, by Venerable Master Hsuan Hua 1997

Impreso en Taiwan
ISBN 0-88139-513-7

Library of Congress Cataloging-in-Publication Data
Hsuan Hua, 1908-
[Yao shi liu li guang ru lai ben yuan gong de jing qian shi. Spanish]
Sutra sobre el mérito y virtud de los votos originales del Tathāgata maestro de la medicina Luz de Vaiḍūrya: una explicación simple/ explicado por el Venerable Maestro Hsuan Hua ; Traducción al español realizada por la Sociedad de Traducción de Textos Budistas.
p.cm.
Includes index.
ISBN 0-88139-513-7
1. Tripitaka. Sutrapitaka. Bhaiṣajyaguruvaiḍūryaprabhasasutra–Commentaries. I. Buddhist Text Translation Society. II Title.
BQ2240.B537 H7818 2004
294.3'85 –dc21 2002066913

Nota: el Pinyin fue utilizado en la romanización de las palabras chinas, a excepción de los nombres propios, que conservan la romanización familiar.

Índice

Las ocho reglas de la Sociedad de Traducción de Textos Budistas ... vi

Prefacio ... vii

Alabanza para la Ofrenda de Incienso ... x

Verso de Apertura del Sutra ... xi

Sutra sobre el Mérito y Virtud de los Votos Originales del Tathāgata Maestro de la Medicina Luz de Vaiḍūrya ... 1

Sutra y el comentario ... 1

Introducción a la Asociación Budista del Reino del Dharma ... 225

Reseña Bibliográfica del Venerable Maestro Hsuan Hua ... 228

Los Dieciocho Grandes Votos del Venerable Maestro Huan Hua ... 238

Glosario ... 242

Índice Alfabético ... 256

Las ocho reglas de la Sociedad de Traducción de Textos Budistas

1. El traductor debe estar libre de motivaciones tales como la fama y el beneficio personal.
2. El traductor debe cultivar una actitud respetuosa y sincera, libre de demostraciones de arrogancia o de vanagloria.
3. El traductor debe abstenerse de sobreestimar su trabajo y de despreciar el de otros.
4. El traductor no debe considerarse a sí mismo como un ejemplo apropiado, ni debe suprimir el trabajo de aquéllos que cometan errores de traducción.
5. El traductor debe considerar a la mente de Buda como su propia mente.
6. El traductor debe utilizar la sabiduría de la Visión selectiva del Dharma para determinar los principios verdaderos.
7. El traductor debe requerir de los Ancianos Virtuosos de las diez direcciones para la certificación de sus traducciones.
8. El traductor debe empeñarse en propagar las enseñanzas, imprimiendo las traducciones de Sutras, Shastras y del Vinaya, toda vez que hayan sido certificadas como correctas.

Prefacio

Viendo que en este mundo los seres humanos padecen de serias enfermedades y sobrellevan terribles sufrimientos, los Budas, Bodhisattvas, los Iluminados por las condiciones, y los Oidores vienen en su ayuda propagando el Buddhadharma para rescatarlos. No hay básicamente diferencia entre la naturaleza de los Budas y la de los seres vivientes. Sin embargo, aquéllos que se enferman son los seres, y quienes prescriben las medicinas son los Budas. Ellos guardan una relación similar a la de los padres con sus hijos: cuando el niño enferma, también lo hacen sus padres; cuando el niño sana, sus padres también. Así es que el Buda dice: "Yo estoy enfermo debido a que los seres vivientes están enfermos, y me restableceré toda vez que ellos se curen".

El Buda habla ilimitados Dharmas –que son medicinas–, para aliviar las enfermedades de los seres vivientes. Todos los Tathāgatas poseen la habilidad para curar las aflicciones y enfermedades de los seres vivientes, por ello se los conoce como grandes médicos. Basándose en su compasivo voto de erradicar los desastres y de prolongar la vida, el Buda Maestro de la

Medicina ha creado la Tierra Pura de Vaiḍūrya en el Este, y es el Maestro que allí hospeda. La designación "Maestro de la Medicina", ilustra la virtud que ejerce al prescribir las medicinas adecuadas para aliviar la miríada de enfermedades. Se lo honra como el primer Maestro en Medicina, el Rey de los Reyes médicos. Por compasión a los seres vivientes que sufren a causa de sus ofensas, el Buda Śākyamuni expuso los Doce Grandes Votos que el Buda Maestro de la Medicina realizó en la fase de causa inicial de su cultivación.

¿De dónde provienen las múltiples enfermedades y sufrimientos? Los Dharmas y las enfermedades, en su totalidad, nacen sólo de la mente. El origen de toda enfermedad persistirá mientras uno se involucre en peleas, tenga codicia y ambición; mientras busque obtener ventajas personales, mientras especule y mendigue. Es por ello que durante las previas décadas, el Venerable Maestro Hua ha puesto énfasis en las tres siguientes pautas: "Tiritando, no especulamos; famélicos, no mendigamos; en suma pobreza, no pedimos". Y también hizo hincapié en los seis principios: no pelear, no codiciar, no anhelar, no tener egoísmo, no buscar ventajas personales y no mentir. Estos preceptos puros, que hacia arriba coinciden con la mente de los Budas; y hacia abajo se adaptan a las facultades de los seres vivientes, asemejan a la maravillosa medicina agada, que cura todas las enfermedades.

Quien pueda actuar acorde a estos principios podrá alcanzar la budeidad, más aún, estará propagando la puerta del Dharma del Maestro de la Medicina y dando realidad a la Tierra Pura de Vaiḍūrya.

A lo largo de las pasadas décadas, la Sociedad de Traducción de Textos Budistas de la Asociación Budista del Reino del Dharma ha traducido textos Budistas en varios idiomas. Con la esperanza de que todos los seres vivientes puedan ser beneficiados por las maravillosas e ilimitadas medicinas del gran compasivo, El Honrado por el Mundo, deseamos que con la publicación de este volumen en español del Sutra del Mérito y Virtud de los Votos Originales del Tathāgata Maestro de la Medicina Luz de Vaiḍūrya, todos los seres vivientes tomen esta medicina para aliviar sus sufrimientos y para alcanzar juntos el sendero de Buda.

Bhikṣunī Heng Tung

Junio de 1997

Alabanza para la Ofrenda de incienso

El incienso arde en el incensario
perfumando la región del Dharma.
La asamblea de Budas extensa como el mar
lo percibe a lo lejos.
Nubes auspiciosas se forman por doquier.
Al ser sinceros y honestos
todos los Budas se manifiestan.
Homenaje a los Bodhisattvas Mahāsattvas
Doseles de Nubes de Incienso.

Verso de Apertura del Sutra

El insuperable, profundo, insondable,
sutil y maravilloso Dharma,
es difícil de encontrar aun en cientos de miles
de millones de períodos cósmicos.
Yo ahora lo veo y escucho,
lo recibo y mantengo,
y realizo el voto de comprender el sentido
real y verdadero del Tathāgata.

Homenaje al Maestro original el Buda Śākyamuni.
Homenaje a los Budas y Bodhisattvas de la Asamblea vasta
como el mar del Maestro de la Medicina.

Sutra sobre el mérito y virtud de los votos originales del Tathāgata Maestro de la Medicina Luz de Vaiḍūrya

(Bhaiṣajyaguru Vaiḍūrya Prabhasa Tathāgata)

Así yo he oído. En una ocasión, el Bhagavan viajaba a través de varias tierras para enseñar a los seres vivientes. Al llegar a Vaiśālī, la "Ciudad de los vastos ornamentos", Él permaneció bajo un árbol que emitía sonidos musicales. Había junto a Él ocho mil grandes bhikṣus y treinta y seis mil Bodhisattvas Mahāsattvas; también Reyes, Ministros, brahmanes, discípulos laicos; dioses, dragones y el resto de la Óctuple División; seres humanos y no-humanos. La inconmensurable gran multitud lo rodeó respetuosamente y Él habló el Dharma para ellos.

Recibiendo en aquel momento la imponente inspiración del Buda, el Príncipe del Dharma Mañjuśrī se levantó de su asiento, descubrió uno de sus hombros, se apoyó sobre su rodilla derecha, e inclinando su cabeza y juntando las palmas dijo al Bhagavan: "¡Honrado por el Mundo! Deseamos que nos hable sobre Dharmas tales como los nombres de los Budas, acerca de los grandes votos que ellos realizaron en el pasado y su supremo mérito y virtud, así quienes los escuchen serán liberados de sus obstrucciones kármicas. Con esta petición intentamos también traer beneficio y alegría a los seres sintientes en la Era de la Apariencia del Dharma".

Alabó entonces al Joven Puro Mañjuśrī: "¡Excelente! ¡Excelente, Mañjuśrī! Con gran compasión, por el bien de los seres sintientes impedidos por sus obstrucciones kármicas, y con el propósito de otorgar beneficio, paz y alegría a los seres que viven en la Era de la Apariencia del Dharma, tú ahora solicitas que hable acerca de los nombres de los Budas y sobre el mérito y virtud de los votos que ellos realizaron en el pasado. Escucha atentamente mis palabras y reflexiona profundamente acerca de ellas, ya que ahora te contestaré".

Mañjuśrī dijo: "Por favor, háblenos, nos regocijaremos de escucharlo".

Dijo el Buda a Mañjuśrī: "Yendo hacia el Este, pasando por tierras de Buda numerosas como los granos de arena de diez ríos Ganges, hay un mundo llamado 'Vaiḍūrya Puro'. Allí el Buda es llamado Tathāgata Maestro de la Medicina Luz de Vaiḍūrya (Bhaiṣajyaguru Vaiḍūrya Prabhasa Tathāgata), De Iluminación Correcta y Ecuánime, Perfecto en Comprensión y Práctica, Bien Ido (Quien termina bien su vida), Quien Comprende el Mundo, Señor Supremo, Héroe Regulador, Maestro de Dioses y Humanos, Buddha y Bhagavan.

Mañjuśrī, en el pasado, cuando el Honrado por el Mundo, Tathāgata Maestro de la Medicina Luz de Vaiḍūrya practicaba el camino del Bodhisattva, realizó doce grandes votos que posibilitan a todos los seres sintientes obtener aquello que buscan".

Primer gran voto: "Realizo el voto de que en una próxima vida, cuando obtenga la Anuttarasamyaksaṃbodhi, mi cuerpo irradie una deslumbrante luz que ilumine inconmensurables, incontables e ilimitados mundos. Mi cuerpo estará adornado con las treinta y dos características heroicas y las ochenta características secundarias, y posibilitaré que todos los seres devengan en lo que yo soy".

Segundo gran voto: "Realizo el voto de que en una próxima vida, cuando obtenga la Anuttarasamyaksaṃbodhi, mi cuerpo sea tan brillante y claro como el Vaiḍūrya, perfectamente puro, vastamente radiante y majestuoso en mérito y virtud, residiendo en la tranquilidad y adornado con deslumbrantes redes, más brillantes que el sol y la luna. Los seres que yacen en la oscuridad se iluminarán, y tendrán éxito en todos sus emprendimientos".

Tercer gran voto: "Realizo el voto de que en una próxima vida, cuando obtenga la Bodhi, pueda emplear ilimitada e incalculable sabiduría y habilidad en el uso de los recursos para la enseñanza, haciendo posible que todos los seres sintientes obtengan una inagotable provisión de los materiales necesarios para que no den lugar al menor deseo".

Cuarto gran voto: "Realizo el voto de que en una próxima vida, cuando obtenga la Bodhi, pueda guiar a aquellos seres sintientes que practican en sendas desviadas para que residan en el camino de la Bodhi, y para que quienes transcurren en los vehículos del Śrāvaka (Oidor) o del Pratyekabuddha, puedan residir en el Gran Vehículo".

Quinto gran voto: "Realizo el voto de que en una próxima vida, cuando obtenga la Bodhi, permita que los ilimitados e infinitos seres sintientes que cultivan la conducta de Brahma (pura) dentro de mi Dharma, sostengan impecablemente los preceptos, completando los tres grupos de preceptos sin excepción. En el caso de que se quebrara algún precepto, al oír mi nombre ellos recuperarán su pureza, y no caerán en los destinos nefastos".

Sexto gran voto: "Realizo el voto de que en una próxima vida, cuando obtenga la Bodhi, los seres sintientes con cuerpos inferiores y facultades imperfectas, feos, ineptos, ciegos, sordos, mudos, deformes, paralíticos, jorobados, o afectados por enfermedades cutáneas, demencia u otro tipo de enfermedades y sufrimientos, al oír mi nombre estén todos dotados con rasgos íntegros, inteligencia aguda y facultades perfectas; y se liberen de toda enfermedad y sufrimiento".

Séptimo gran voto: "Realizo el voto de que en una próxima vida, cuando obtenga la Bodhi, permita que los seres sintientes oprimidos por numerosas enfermedades y que se encuentren sin ayuda ninguna, sin un lugar donde acudir, sin médico ni medicinas, sin parientes ni familia; que estén azotados por la pobreza y colmados de sufrimiento; sean curados de sus enfermedades cuando mi nombre llegue a sus oídos, y obtengan paz y felicidad de cuerpo y mente. Tendrán una familia y parientes, adquirirán propiedades y riquezas en abundancia, e incluso realizarán la inigualable Bodhi".

Octavo gran voto: "Realizo el voto de que en una próxima vida, cuando obtenga la Bodhi, si hay mujeres que tienen una profunda aversión por sus cuerpos femeninos y desean abandonarlos por verse oprimidas y afectadas por la miríada de sufrimientos de ser mujer; al oír mi nombre ellas puedan transformarse en hombres plenos de rasgos masculinos, y finalmente alcancen la inigualable Bodhi".

Noveno gran voto: "Realizo el voto de que en una próxima vida, cuando obtenga la Bodhi, pueda liberar a los seres sintientes de las redes de los demonios y de los lazos de las sectas externas al Camino. Si han caído en el denso bosque de los puntos de vista perversos, los guiaré para que tengan puntos de vista apropiados, y para que puedan cultivar gradualmente las prácticas de los Bodhisattvas. De este modo, ellos lograrán rápidamente la Inigualable, Correcta y Ecuánime Bodhi".

Décimo gran voto: "Realizo el voto de que en una próxima vida, cuando obtenga la Bodhi, pueda lograr que los seres sintientes que hayan caído en manos de la ley y estén presos, o sean interrogados, flagelados, puestos en grilletes, o sean sentenciados para ser ejecutados, o que sean víctimas de desastres interminables, de dificultades, abusos y humillaciones; así desgarrados por la tristeza y la aflicción, sufriendo en cuerpo y mente; al oír mi nombre obtengan la liberación de toda preocupación y sufrimiento a través de mis bendiciones, virtud e imponente poder espiritual".

Undécimo gran voto: "Realizo el voto de que en una próxima vida, cuando obtenga la Bodhi, posibilite que todos los seres sintientes consumidos por el hambre y la sed, que tras la búsqueda de comida estén creando toda clase de mal karma; al oír mi nombre, puedan aceptarlo y sostenerlo con la mente concentrada[1], obteniendo así deliciosos alimentos y bebidas. Luego, mediante el sabor del Dharma, se establezcan en la suprema paz y felicidad".

Duodécimo gran voto: "Realizo el voto de que en una próxima vida, cuando obtenga la Bodhi, posibilite que todos los seres sintientes que, sumidos en la pobreza carecen de ropas, y por ello día y noche los perturban insectos tales como moscas y mosquitos, sufriendo el frío y el calor; puedan al oír mi nombre, aceptarlo y mantenerlo con la mente concentrada, obteniendo así toda clase de finas y maravillosas ropas acordes a sus preferencias, como así también una gran variedad de preciosos adornos, de guirnaldas florales, de bálsamos fragantes

1. Mente concentrada: se refiere al término chino yi xin 一心 *-una mente-, la cual se refiere a la mente que no se dispersa en dos y que está atenta en el momento presente.*

y del deleite de la música y de diversas clases de talentos. De ese modo todos los deseos de sus corazones serán completamente realizados".

"Mañjuśrī, estos son los doce sublimes y maravillosos votos que el Honrado por el Mundo, Tathāgata Maestro de la Medicina Luz de Vaiḍūrya, Aquél de Iluminación Correcta y Ecuánime, realizó mientras cultivaba el camino del Bodhisattva.

Más aún, Mañjuśrī, si hablara durante un eón o más sobre los votos realizados por el Honrado por el Mundo, Tathāgata Maestro de la Medicina Luz de Vaiḍūrya, mientras practicaba el camino del Bodhisattva; y además sobre el mérito, virtud y adornos de su Tierra de Buda, no podría terminar.

Esa Tierra de Buda ha sido siempre completamente pura; en ella no hay mujeres, destinos nefastos ni sonidos de sufrimiento. La tierra está hecha de Vaiḍūrya, con cuerdas de oro que delinean los caminos. Las paredes de la ciudad, torres, pabellones del Palacio, estudios, ventanas y enrejados están todos hechos de los siete tesoros. El mérito, virtud y adornos de esta tierra son idénticos a aquellos de la Tierra de la Suprema Felicidad de Occidente.

Residiendo en esa tierra hay dos Bodhisattvas Mahāsattvas; el primero se llama Luz Solar Universalmente Radiante, y el segundo, Luz Lunar Universalmente Radiante. Ellos son los líderes entre los inconmensurables, incontables Bodhisattvas residentes en aquella tierra, y serán los sucesores de ese Buda. Ellos son capaces de mantener el precioso tesoro del Correcto Dharma del Honrado por el Mundo, Tathāgata Maestro de la Medicina Luz de Vaiḍūrya. Por eso, Mañjuśrī, todos los hombres y mujeres que tienen fe deben hacer el voto de nacer en esa Tierra de Buda".

En aquel momento, el Honrado por el Mundo habló nuevamente al Joven Puro Mañjuśrī, diciendo: "Mañjuśrī, hay seres vivientes que no distinguen el bien del mal, que se complacen en la codicia y en la avaricia, y que nada saben acerca del dar y de sus recompensas. Son estúpidos, ignorantes, y carecen de los fundamentos de la fe. Acumulan riquezas y numerosos tesoros, y los cuidan ardientemente. Al ver acercarse a un mendigo, se sienten molestos. Si tienen que practicar un acto de caridad que no los beneficia, sienten como si les estuvieran seccionando un fragmento de su carne, sufriendo un profundo y doloroso pesar.

Hay otros innumerables seres vivientes avaros y miserables que acumulan dinero y bienes que ni siquiera utilizan para sí mismos, ¡cuánto menos lo darán a sus padres, mujeres, sirvientes o mendigos! Al final de sus vidas tales seres nacerán entre los fantasmas hambrientos o entre los animales. Pero incluso estando en los destinos nefastos, si en su anterior existencia humana oyeron el nombre de este Buda, Tathāgata Maestro de la Medicina Luz de Vaiḍūrya, y recuerdan el nombre de este Tathāgata durante un brevísimo lapso, al finalizar su estado en aquel lugar, nacerán de inmediato en el reino de los humanos. Más aún, recordarán sus vidas pasadas y se atemorizarán al ver los sufrimientos de los destinos nefastos. No se deleitarán en los placeres mundanos, y por el contrario, se regocijarán brindando y alabando a aquéllos que practican actos de generosidad. No se resistirán al obsequiar sus bienes. Gradualmente ellos podrán dar sus propias cabezas, ojos, manos, pies y hasta su cuerpo entero a quienes se acerquen mendigando, ¡cuánto más si se tratara de sus propiedades y dinero!

Es más, Mañjuśrī, hay seres que aun estudiando con el Tathāgata quiebran los preceptos morales (śīla). Hay otros que, si bien no violan los preceptos morales, transgreden las normas y reglamentos. Otros que si bien no quiebran los preceptos morales ni las normas y reglamentos, destruyen sus propias visiones correctas. Hay otros que no destruyen sus propias visiones correctas, pero descuidan el estudio, siendo así incapaces de comprender el profundo significado de los Sutras hablados por el Buda. Otros, aunque instruidos, sienten un orgullo desmedido que los ensombrece. De este modo se justifican a sí mismos y desprecian a los demás, calumnian al Correcto Dharma y se unen al séquito demoníaco.

Tales tontos actúan de acuerdo a sus puntos de vista erróneos, induciendo además a incontables millones de seres a caer en trampas de gran peligro. Estos seres vagarán sin fin en los reinos de los infiernos, de los animales y fantasmas. Pero si oyen el nombre del Tathāgata Maestro de la Medicina Luz de Vaiḍūrya, ellos podrán renunciar a esas prácticas perversas y cultivarán el Correcto Dharma, evitando así caer en los destinos nefastos. No obstante, debido al majestuoso poder de los pasados votos de este Tathāgata, cuando aquéllos que hayan caído en los destinos nefastos por no haber renunciado a sus prácticas perversas y por no haber cultivado el Correcto Dharma, oyan su nombre sólo por un momento, al finalizar su existencia nacerán nuevamente como seres humanos. Mantendrán visiones apropiadas y serán siempre vigorosos. Sus mentes serán equilibradas y alegres, siéndoles posible renunciar a sus familias y dejar la vida de hogar. Tomarán y mantendrán el estudio del Dharma del Tathāgata sin quebrantarlo. Serán eruditos y tendrán puntos de vista apropiados, entenderán los profundos significados y estarán libres de orgullo desmedido. En ningún caso calumniarán al Correcto Dharma ni se unirán a las filas de los demonios. Progresivamente cultivarán las prácticas de los Bodhisattvas, llevándolas rápidamente a la perfección.

Más aún, Mañjuśrī, si hay seres sintientes que albergan avaricia, codicia y celos, que se alaban a sí mismos y desprecian a otros, caerán en los tres destinos nefastos. Allí soportarán intensos sufrimientos durante incontables miles de años. Luego de pasar por tales padecimientos, al final de sus vidas nacerán al mundo como los bueyes, caballos, camellos y burros que son constantemente golpeados, y sufrirán de hambre y de sed, debiendo transportar pesadas cargas a través de los caminos. O podrán nacer entre gente humilde como esclavos o sirvientes que continuamente reciben órdenes ajenas, manifestando incomodidad a todo momento.

Si tales seres, en sus vidas pasadas como humanos, oyeron el nombre del Honrado por el Mundo, Tathāgata Maestro de la Medicina Luz de Vaiḍūrya, y debido a esa buena causa son capaces de recordarlo y sinceramente toman refugio con este Buda, entonces, mediante el poder espiritual del Buda, serán liberados de todo sufrimiento. Estarán dotados de facultades agudas, de sabiduría y erudición. Buscarán siempre los Dharmas supremos y encontrarán buenos amigos. Cortarán para siempre las redes demoníacas y destruirán el cascarón de la ignorancia. Secarán el río de las aflicciones y se liberarán del nacimiento, la vejez, la enfermedad, la muerte, la ansiedad, la tristeza, el sufrimiento y las vejaciones.

Mañjuśrī, podría aun haber seres que se deleiten en la perversión y se involucren en disputas legales, ocasionando problemas tanto a los demás como a sí mismos. En sus acciones, palabras y pensamientos ellos siempre acrecientan su mal karma. No desean beneficiar ni perdonar a otros, y por el contrario, elaboran cómo perjudicarse mutuamente. Rezan a los espíritus de los bosques montañosos, de árboles y tumbas. Matan a seres vivientes para hacer sacrificios de sangre y carne a los fantasmas yakṣas y rākṣasas. Escriben el nombre de sus enemigos, haciendo imágenes con ellos, para luego hechizarlos con mantras perversos. Convocan a los fantasmas de la parálisis, pronuncian hechizos, o comandan a los fantasmas que levantan cadáveres para que maten o dañen a sus enemigos.

No obstante, si las víctimas oyen el nombre del Tathāgata Maestro de la Medicina Luz de Vaiḍūrya, todas esas perversiones perderán su poder de injuriar. Quienes actúan con maldad se tornarán bondadosos. Obtendrán beneficios, paz y alegría, sin volver a abrigar pensamientos de malicia, de aflicción o de enemistad. Se regocijarán y sentirán satisfacción con lo que poseen. Buscarán el mutuo beneficio en lugar de acometerse los unos a los otros.

Más aún, Mañjuśrī, puede haber entre la cuádruple asamblea de bhikṣus, bhikṣunis, upāsakas y upāsikas, como así también entre los buenos hombres y mujeres de fe pura, quienes acepten y mantengan los ocho preceptos durante un año o tres meses, practicándolos y estudiándolos. Con estas buenas raíces ellos podrán realizar el voto de nacer en la Tierra de la Suprema Felicidad del Oeste donde reside el Buda de Vida Infinita, para escuchar el Correcto Dharma; pero es posible que su determinación no sea firme. No obstante, si oyen el nombre del Honrado por el Mundo, Tathāgata Maestro de la Medicina Luz de Vaiḍūrya, cuando se aproxime el fin de sus vidas, aparecerán ante ellos ocho grandes Bodhisattvas cuyos nombres son: Bodhisattva Mañjuśrī, Bodhisattva Avalokiteśvara (El que Contempla los Sonidos del Mundo), Bodhisattva Mahāsthāmaprāpta (Gran Fuerza), Bodhisattva Akṣayamati (Intención Inagotable), Bodhisattva Enjoyada Flor Udumbara, Bodhisattva Rey de la Medicina, Bodhisattva Medicina Superior y Bodhisattva Maitreya. Estos ocho Bodhisattvas aparecerán en el espacio para mostrarles el Camino, y naturalmente nacerán por transformación en aquella tierra, en una de las enjoyadas flores de múltiples colores.

O podrán nacer en los cielos por esta causa. Aunque nazcan en los cielos, sus buenas raíces originales no se extinguirán, y entonces no volverán a caer en los destinos perversos. Cuando finalicen sus vidas en los cielos, nacerán nuevamente entre las personas. Podrán ser Reyes que giran la rueda, reinando sobre los cuatro continentes con asombrosa maestría y virtud, conduciendo a incontables cientos de miles de seres vivientes a permanecer en la práctica de los Diez buenos actos. O podrán nacer como kṣatriyas, brahmanes, laicos o hijos de familias honorables. Tendrán riquezas y provisiones en abundancia. De hermosa apariencia, se verán rodeados de un gran séquito de parientes. Serán inteligentes y sabios; tendrán valentía y coraje, como los grandes e imponentes caballeros. Si una mujer oye el nombre del Honrado por el Mundo, Tathāgata Maestro de la Medicina Luz de Vaiḍūrya, y lo atesora con sinceridad, en el futuro ya no volverá a nacer como mujer.

Más aún, Mañjuśrī, cuando el Tathāgata Maestro de la Medicina Luz de Vaiḍūrya alcanzó la iluminación, por el poder de sus votos originales contempló a todos los seres sintientes que padecían de diversas clases de enfermedades y sufrimientos. Entre ellos, había quienes sufrían de enfermedades extenuantes, de atrofia, de sed intensa o de fiebre amarilla; otros habían sido afectados por los fantasmas causantes de parálisis o por hechizos venenosos; había otros que morían naturalmente siendo jóvenes, o que experimentaban la muerte a destiempo. Cumpliendo con sus deseos, Él deseaba disipar todas sus enfermedades y sufrimientos".

En aquel momento, el Honrado por el Mundo entró en el samadhi denominado "Extinción del sufrimiento y de la aflicción de todos los seres". Habiendo ingresado en aquel samadhi, emitió desde su coronilla una gran luz, desde la cual proclamó esta magnífica dhāranī:

> *'Namo Bhagavate Bhaiṣajaguru Vaiḍūryaprabha Rajaya Tathāgataya Arhate Samyaksambuddhya Tadyatha Om Bhaisajye Bhaisajye Bhaisajya Samudgate Svāha.'*

Tras haber pronunciado el mantra desde aquella luz, la tierra tembló y emitió un gran brillo. Todas las enfermedades y sufrimientos de los seres fueron erradicados, llegando éstos a sentir paz y felicidad.

"Mañjuśrī, cuando encuentres a un hombre (o a una mujer) enfermo, con tu mente concentrada deberás limpiarlo con frecuencia, bañarlo y enjuagarle su boca. Proporciónale alimentos, medicinas o agua libre de insectos sobre los cuales hayas recitado la dhāranī ciento ocho veces. Luego de haberlos ingerido, todas las enfermedades y sufrimientos de quien padecía se habrán ido. Si esa persona tiene un deseo, deberá recitar este mantra con la mayor sinceridad. Luego obtendrá su deseo y su vida se extenderá y librará de las enfermedades. Al término de su vida, nacerá en la tierra de ese Buda. Logrando el no-retroceso, obtendrá finalmente la Bodhi. Por lo tanto, Mañjuśrī, si hay hombres y mujeres que con suma sinceridad diligentemente adoran y realizan ofrendas al Tathāgata Maestro de la Medicina Luz de Vaiḍūrya, deberán recitar este mantra sin olvidarlo.

Es más, Mañjuśrī, los hombres o mujeres de fe pura que hayan oído todos los nombres del Tathāgata Maestro de la Medicina Luz de Vaiḍūrya, Aquél de Correcta y Ecuánime Iluminación, deberán recitarlos y mantenerlos. Por la mañana temprano, luego de cepillar sus dientes y de bañarse, deberán ofrendar ante una imagen de este Buda flores fragantes, incienso, bálsamos perfumados y diversas clases de música. Deberán escribir este Sutra o pedirle a otros que lo hagan, y lo recitarán constantemente, con la mente concentrada. A todo Maestro del Dharma que les brinde explicaciones acerca de su significado, ellos deberán ofrendarle todo aquello que necesite para evitarle el menor deseo. De esta manera, ellos recibirán la cuidadosa protección de los Budas. Todos sus deseos se cumplirán; y finalmente obtendrán la Bodhi".

En ese momento, dijo el Joven Puro Mañjuśrī al Buda: "Honrado por el Mundo, realizo el voto de que mediante una variedad de hábiles recursos, yo logre que en la Era de la Apariencia del Dharma, los buenos hombres y mujeres de fe pura escuchen el nombre del Honrado por el Mundo, Tathāgata Maestro de la Medicina Luz de Vaiḍūrya. Incluso cuando duermen yo los despertaré con el nombre de este Buda.

Honrado por el Mundo, tal vez haya quienes acepten y mantengan este Sutra, lo lean y reciten, expliquen a otros su significado, lo escriban ellos mismos, o insten a otros a hacerlo. Pueden reverenciarlo ofrendándole diferentes clases de flores, incienso en pasta y en polvo, varillas de incienso, guirnaldas florales, collares, banderas, doseles y música. Pueden confeccionar bolsas con hilos de cinco colores en donde guardar el Sutra, y pueden también limpiar y preparar un altar elevado en donde colocar este Sutra. En ese momento, los Cuatro Reyes Celestiales con sus séquitos, y otros incontables cientos de miles de dioses acudirán a aquel lugar para adorarlo y protegerlo.

Honrado por el Mundo, debería hacerse saber que debido al mérito y virtud de los votos originales de este Honrado por el Mundo, Tathāgata Maestro de la Medicina Luz de Vaiḍūrya, y debido a haber oído su nombre; ninguna de las personas que acepta y mantiene el Sutra en los lugares por donde circula, tendrá una muerte a destiempo. Además, los fantasmas y espíritus perversos no podrán robar la energía vital de ninguno de ellos. Restaurarán su salud las personas a quienes ya les ha sido robada su energía vital, y tendrán paz y felicidad de cuerpo y mente".

Dijo el Buda a Mañjuśrī: "¡Así es, así es! Es exactamente como tú dices. Mañjuśrī, los buenos hombres y mujeres de fe pura que deseen ofrendar al Honrado por el Mundo, Tathāgata Maestro de la Medicina Luz de Vaiḍūrya, deberán primero hacer una imagen de este Buda y preparar un estrado limpio y puro en donde situar la imagen. Luego deberán colocar diferentes clases de flores, quemar diversos tipos de incienso, y adornar el lugar con una variedad de banderas. Durante siete días y noches deberán mantener los ocho preceptos y comer alimentos puros. Luego de haberse bañado, ya limpios y fragantes, deberán vestirse con ropas limpias. Sus mentes deberán estar libres de impurezas, no tendrán pensamientos de ira ni de malicia. Sus pensamientos serán de benevolencia, paz, consideración, compasión, júbilo, generosidad y ecuanimidad hacia todos los seres sintientes.

Caminarán hacia la derecha rodeando la imagen del Buda, tocando instrumentos musicales y cantando alabanzas. Más aún, recordarán el mérito y virtud de los votos originales de este Tathāgata. Deberán leer y recitar este Sutra, meditar sobre su significado, enseñarlo y explicarlo. Entonces obtendrán aquello que busquen: quienes quieran una vida prolongada obtendrán longevidad; aquéllos que pretendan riquezas obtendrán riquezas; quienes ambicionen un puesto en el Gobierno, lo obtendrán; y aquellos que busquen un hijo o una hija los tendrán.

Más aún, si súbitamente una persona tiene pesadillas, ve malos presagios, advierte que extrañas aves se agrupan, o que en su residencia se manifiestan eventos inexplicables y monstruosos; y puede adorar y realizar ofrendas de vastos materiales refinados al Honrado por el Mundo, Tathāgata Maestro de la Medicina Luz de Vaiḍūrya; entonces las pesadillas, los malos presagios, los eventos inexplicables y las circunstancias no propicias desaparecerán, y ya no tendrá preocupaciones.

Cuando una persona es amenazada por agua, fuego, armas cortantes o veneno; o se encuentra en un acantilado escarpado o en un lugar peligroso; o frente a feroces elefantes, leones, tigres, lobos, osos, víboras venenosas, escorpiones, ciempiés, milpiés, mosquitos, jejenes o ante otros hechos aterradores; si puede recordar claramente, adorar y ofrendar a este Buda, será liberada de todos estos pavorosos acontecimientos. Cuando se produce la invasión de otros países, o hay ladrones y desorden, si una persona puede recordar y adorar a este Tathāgata, también quedará libre de todo peligro.

Además, Mañjuśrī, puede ser que haya buenos hombres y buenas mujeres de fe pura que durante todas sus vidas nunca hayan reverenciado a un dios, pero que con su mente concentrada tomen refugio en el Buda, el Dharma y el Saṅgha. Habrá otros que acaso acepten y mantengan los preceptos, tales como los cinco preceptos, los diez preceptos, los cuatrocientos preceptos del Bodhisattva, los docientos cincuenta preceptos de bhikṣu o los quinientos preceptos de bhikṣunī. Es probable que ellos hayan quebrantado alguno de los preceptos que recibieron y sientan temor de caer en los destinos nefastos. Si se concentran en recitar el nombre de este Buda, lo adoran y ofrendan, evitarán por siempre nacer en los tres destinos nefastos.

Si hay una mujer que a punto de dar a luz sufre un gran dolor, pero recita su nombre sinceramente y adora, alaba, venera y realiza ofrendas a este Tathāgata, todos sus sufrimientos serán disipados. El niño recién nacido será saludable y poseerá rasgos honorables, al verlo la gente tendrá dicha. Será inteligente y de sentidos agudos, pacífico y seguro, tendrá pocas enfermedades, y ningún espíritu perverso le robará su vitalidad".

En aquel momento dijo el Honrado por el Mundo a Ananda: "El mérito y virtud del Honrado por el Mundo, Tathāgata Maestro de la Medicina Luz de Vaiḍūrya, a quien yo acabo de alabar, es la práctica extremadamente profunda de todos los Budas. Ella es difícil de profundizar y de comprender. ¿Crees en ella o no?"

Ananda dijo: "Admirablemente Virtuoso Honrado por el Mundo, no tengo absolutamente ninguna duda con referencia a los Sutras hablados por el Tathāgata. ¿Por qué? Porque todos los karmas del cuerpo, boca y mente de los Budas son puros. Honrado por el

Mundo, el sol y la luna podrán caer, el rey Maravillosamente Alto de las montañas podrá ser derribado o sacudido; pero las palabras de los Budas nunca cambiarán.

Honrado por el Mundo, hay seres sintientes deficientes en fe que oyen sobre las prácticas extremadamente profundas de todos los Budas y piensan: '¿Cómo se podría obtener tal supremo mérito y beneficio simplemente por recitar el nombre de este único Buda, Tathāgata Maestro de la Medicina Luz de Vaiḍūrya?' Debido a esta falta de fe dan lugar a la difamación. Durante la larga noche tiempo ellos pierden gran beneficio y alegría, cayendo en los destinos nefastos, donde vagan sin cesar".

Dijo el Buda a Ananda: "Los seres sintientes que oyen el nombre del Honrado por el Mundo, Tathāgata Maestro de la Medicina Luz de Vaiḍūrya, y sinceramente lo aceptan y mantienen, libres de toda duda, no podrán caer en los destinos nefastos.

¡Ananda, ésta es la práctica extremadamente profunda de todos los Budas, la cual es difícil de creer y de comprender! Debes saber que tu habilidad para aceptar esto proviene del imponente poder del Tathāgata. Ananda, todos los Oidores, los Iluminados en Soledad y los Bodhisattvas que no han ascendido aún a los Suelos (Niveles), son incapaces de creer y de entender este Dharma tal como realmente es. Sólamente los Bodhisattvas destinados a alcanzar la Budeidad en una sóla vida son verdaderamente capaces de entender.

Ananda, es difícil obtener un cuerpo humano. También es difícil tener fe y reverenciar a la Triple Joya. Aún más difícil es ser capaz de oír el nombre del Honrado por el Mundo, Tathāgata Maestro de la Medicina Luz de Vaiḍūrya. Ananda, el Tathāgata Maestro de la Medicina Luz de Vaiḍūrya posee las ilimitadas prácticas de los Bodhisatvas, incontables recursos e inconmensurables vastos y grandiosos votos. Podría hablar extensamente acerca de ellos durante un eón o más, y el eón se acabaría; pero aquellas prácticas del Buda, votos y recursos apropiados para la enseñanza, ¡no tienen fin!"

En aquel momento, un Bodhisattva Mahāsattva llamado "El que Rescata y Libera", se levantó de su asiento entre los miembros de la asamblea, descubrió su hombro derecho, se arrodilló sobre su rodilla derecha, e inclinándose hacia adelante con sus palmas juntas dijo al Buda: "¡Gran Virtuoso Honrado por el Mundo! Durante la Era de la Apariencia del Dharma habrá seres vivientes afectados por diferentes enfermedades, extenuados por dolencias crónicas, incapaces de comer o de beber, con sus gargantas y labios resecos. Tales seres percibirán que la oscuridad los envuelve mientras los signos de la muerte aparecen. Desde el lecho, rodeados por sus parientes, familiares y amigos que lloran, verán a los mensajeros del rey Yama conduciendo a su espíritu ante este Rey de la Justicia. Todo ser sintiente tiene espíritus que permanecen con él a lo largo de su vida entera. Ellos registran cada uno de sus buenos y malos actos para presentarlos ante Yama, Rey de la Justicia. En ese momento, el rey Yama interroga a la persona para establecer el balance de su karma e imponerle el juicio acorde a sus buenos y malos actos.

En ese entonces, si para beneficio de la persona enferma, los parientes y amigos pueden tomar refugio con el Honrado por el Mundo, Tathāgata Maestro de la Medicina Luz de Vaiḍūrya, y pedir a los miembros del Sangha que reciten este Sutra, que prendan siete filas de lámparas y cuelguen banderas de cinco colores para prolongarle la vida; es posible que su espíritu regrese. Tal como si soñara, la persona verá todo por sí misma, con toda claridad.

Si su espíritu retorna luego de siete, veintiún, treinta y cinco o cuarenta y nueve días; sentirá como si hubiera despertado de un sueño y recordará las retribuciones que debió sobrellevar debido a su buen y mal karma. Habiendo atestiguado personalmente las retribuciones de su propio karma, evitará por siempre hacer el mal, aun si expusiera su vida a un peligro. Por ello, los buenos hombres y mujeres de fe pura deberán aceptar y mantener el nombre del Tathāgata Maestro de la Medicina Luz de Vaiḍūrya, y acorde a sus capacidades, adorarlo y ofrendarlo".

En ese momento, preguntó Ananda al Bodhisattva que Rescata y Libera: "Buen hombre, ¿cómo deberíamos adorar y ofrendar al

Honrado por el Mundo, Tathāgata Maestro de la Medicina Luz de Vaiḍūrya, y cómo deberíamos preparar las banderas y lámparas para la prolongación de la vida?"

El Bodhisattva que Rescata y Libera le respondió: "Hombre de gran virtud, en nombre de la persona enferma que desea ser liberada de su enfermedad y de su sufrimiento, uno debe aceptar y mantener los ocho preceptos durante siete días y siete noches, y ofrendar a los bhikṣus del Sangha con vastas muestras de comida, bebida y de tantos elementos necesarios como uno pueda dar.

Durante los seis períodos del día y de la noche uno debe adorar, practicar el Camino y realizar ofrendas al Honrado por el Mundo, Tathāgata Maestro de la Medicina Luz de Vaiḍūrya. Se debe leer y recitar este Sutra cuarenta y nueve veces, encender cuarenta y nueve lámparas y hacer siete imágenes de este Tathāgata. Se debe colocar siete lámparas grandes como la rueda de un carro frente a cada una de ellas. Estas lámparas deben arder continuamente durante cuarenta y nueve días. Se deben colgar banderas de cinco colores que midan un metro (cuarenta y nueve palmos) de largo. Se liberará una variedad de criaturas vivientes, tantas como cuarenta y nueve especies. Entonces el enfermo podrá superar el peligro, no sufrirá una muerte prematura, ni será dominado por los fantasmas perversos.

Más aún, Ananda, en el caso de los príncipes kṣatriyas que deban ser ungidos en la coronilla de sus cabezas, si surgieran calamidades tales como un pueblo arrasado por la peste, la invasión de países extranjeros, la rebelión dentro de sus territorios, cambios inusuales en las estrellas, eclipses lunar o solar, vientos y lluvias fuera de temporada o sequías prolongadas; estos príncipes kṣatriyas deberán generar una actitud de compasión hacia todos los seres sintientes, concediendo amnistía a todos los prisioneros. Deberán seguir los métodos previamente mencionados para ofrendar a este Honrado por el Mundo, Tathāgata Maestro de la Medicina Luz de Vaiḍūrya. Debido a estas buenas raíces y al poder de los votos originales de este Tathāgata, el país estará seguro y en paz, los vientos y lluvias serán favorables, las cosechas madurarán, y todos los seres sintientes serán bendecidos y estarán libres de enfermedades. En aquel país no habrá violencia ni yakṣas u otros espíritus que dañen a los seres sintientes, y todos los malos presagios desaparecerán.

Los príncipes kṣatriyas destinados a ser ungidos en la coronilla de sus cabezas disfrutarán de vidas más largas y de buena salud, siendo aliviados y liberados de las enfermedades. Ananda, las Reinas, los Príncipes, los Ministros o los Consejeros de la Corte, las mujeres del Palacio, los Oficiales de las provincias o las personas comunes que sufren de enfermedades o de otras dificultades, también deberán colgar banderas espirituales de cinco colores, encender lámparas y mantener las luces encendidas; deberán liberar a criaturas vivientes, esparciendo flores de diversos colores y quemando fragantes inciensos. Entonces esas personas serán curadas de sus enfermedades y aliviadas de sus dificultades".

Luego preguntó Ananda al Bodhisattva que Rescata y Libera: "Buen hombre, ¿cómo puede ser prolongada una vida que ha llegado a su fin?"

El Bodhisattva que Rescata y Libera le respondió: "Admirablemente Virtuoso, ¿no has oído acaso decir al Tathāgata que hay nueve clases de muerte a destiempo? Por ello se exhorta a que las personas confeccionen lámparas y banderas para la prolongación de la vida, y a que cultiven toda clase de bendiciones. A través del cultivo de las bendiciones mencionado, serán liberados del sufrimiento y de la adversidad por el resto de sus vidas".

Ananda preguntó: "¿Cuáles son las nueve clases de muerte a destiempo?"

El Bodhisattva que Rescata y Libera dijo: "Puede haber seres vivientes que aun no estando seriamente enfermos, estén desprovistos de medicinas o de un médico que los trate; o puede ser que encuentren a un médico que les proporcione una medicina incorrecta, y en consecuencia mueran a destiempo. Algunos de ellos creen en cultos mundanos, cuyos maestros desviados los atemorizan con falsas profecías. Incapaces de aliviar sus mentes, consultan oráculos para averiguar las calamidades que les están reservadas. Con el fin de propiciar los espíritus, ellos matan distintas clases de criaturas e invocan la ayuda y protección de los fantasmas wan liang. Si bien desean prolongar sus vidas, sus esfuerzos resultan en vano. Engañados, se aferran a las creencias erróneas y a los puntos de vista perversos. Es así como encuentran una muerte a destiempo y caen en los infiernos para nunca salir de ellos. Ésta es la primer clase de muerte a destiempo.

La segunda clase de muerte a destiempo es la ejecutada en manos de la ley. La tercera clase es la caza como deporte, el entregarse a la bebida y a la lujuria, o el disiparse en exceso; siendo uno luego abordado por seres no-humanos que roban la propia esencia y energía. La cuarta es morir quemado; la quinta es morir ahogado; la sexta es ser devorado por bestias salvajes; la séptima es caer de un acantilado escarpado; la octava es ser envenenado o injuriado por vudú, por mantras perversos o por fantasmas que levantan cadáveres; la novena es morir de hambre y sed. Éstas son las nueve clases de muerte a destiempo de las que generalmente habladas por el Tathāgata. Hay también otras innumerables clases que no pueden ser totalmente descriptas aquí.

Es más, Ananda, el rey Yama gobierna el mundo y mantiene los registros kármicos de todos sus habitantes. A aquellos seres que no guardan respeto filial, que cometen los Cinco actos de rebelión, que injurian a la Triple Joya, que destruyen las leyes del país o que infringen los preceptos de veracidad, Yama, el Rey de la Justicia, los examina y castiga de acuerdo a la severidad de sus ofensas. Por lo tanto, insto a las personas a encender lámparas y a confeccionar banderas para liberar a los seres, y a que cultiven las bendiciones para superar el sufrimiento y el peligro, previniendo toda clase de desastres".

En aquel momento, en la asamblea se hallaban presentes doce grandes Generales yakṣas. Ellos eran el General Kumbhīra, el General Vajra, el General Mihira, el General Aṇḍīra, el General Majira, el General Saṇḍira, el General Indra, el General Pajra, el General Makura, el General Kinnara, el General Catura y el General Vikarāla.

Simultáneamente, los doce grandes Generales yakṣas, cada uno con un séquito de siete mil yakṣas alzaron sus voces dirigiéndose al Buda: "¡Honrado por el Mundo! ¡Hoy, por haber confiado en el asombroso poder del Buda, nosotros fuimos capaces de oír el nombre del Honrado por el Mundo, Tathāgata Maestro de la Medicina Luz de Vaiḍūrya! Como resultado, los destinos perversos ya no nos causan más temor. Todos nosotros tenemos el sólo pensamiento de tomar refugio en el Buda, el Dharma y el Sangha hasta el fin de nuestras vidas. Realizamos el voto de mantener a todos los seres vivientes y de beneficiarlos para que puedan vivir una vida en paz y felicidad. En cualquier ciudad, aldea, país o bosque alejado por el cual este Sutra circule, o dondequiera que las personas acepten y mantengan el nombre de Tathāgata Maestro de la Medicina Luz de Vaiḍūrya, lo veneren y ofrenden; junto a nuestros séquitos nosotros los vigilaremos y protegeremos, los aliviaremos de todo malestar, y se cumplirán todos sus deseos. Para disipar las enfermedades y dificultades se deberá leer o recitar este Sutra y atar hilos de cinco colores en nudos que formen las letras de nuestros nombres. Se desatarán los nudos cuando los deseos se hayan cumplido".

En ese momento, el Honrado por el Mundo alabó a los grandes Generales yakṣas, diciendo: "¡Excelente, realmente excelente, grandiosos Generales yakṣas! Aquellos de ustedes que deseen restituir la bondad del Honrado por el Mundo, Tathāgata Maestro de la Medicina Luz de Vaiḍūrya, constantemente deberán beneficiar a los seres vivientes, brindándoles de este modo paz y felicidad".

Entonces, Ananda dijo al Buda: "Honrado por el Mundo, ¿cómo debería llamarse esta enseñanza?, ¿cómo deberíamos conservarla?"

Dijo el Buda a Ananda: "Esta enseñanza se llama 'El mérito y virtud de los votos originales del Tathāgata Maestro de la Medicina Luz de Vaiḍūrya'. También se llama 'Los votos de los doce generales espirituales relativos al uso de los mantras espirituales para el beneficio de los seres vivientes'. También se llama 'Eliminación de todos los obstáculos kármicos'. Así deben mantenerla".

Una vez que el Bhagavan finalizó de hablar, todos los Bodhisattvas Mahāsattvas, los grandes Oidores, reyes, ministros, brahmanes, laicos, dioses, dragones, yakṣas, gandharvas, asuras, garuḍas, kinnaras, mahoragas, seres humanos y no-humanos, y toda la gran asamblea; quedaron sumamente complacidos al oír lo que el Buda habló. Lo recibieron con fe y respetuosamente lo practicaron".

Fin del Sutra sobre el Mérito y Virtud de los Votos Originales del Tathāgata Maestro de la Medicina Luz de Vaiḍūrya

(Bhaiṣajyaguru Vaiḍūrya Prabhasa Tathāgata)

Sutra sobre el mérito y virtud de los votos originales del Tathāgata Maestro de la Medicina Luz de Vaiḍūrya: una explicación simple

(Bhaiṣajyaguru Vaiḍūrya Prabhasa Tathāgata)

Sutra sobre el Mérito y Virtud de los Votos Originales del Tathāgata Maestro de la Medicina Luz de Vaiḍūrya

Explicado por el Maestro Hua en 1983, en el Monasterio Rueda de Oro, Los Angeles

El Buda Śākyamuni vino al mundo Sahā para ayudar a los seres vivientes a resolver el problema del nacimiento y la muerte. Nacido en el seno de una familia real, renunció a la riqueza de su reinado y dejó el hogar yendo en busca de la Verdad. Habiendo alcanzado la budeidad bajo el árbol de la Bodhi, al contemplar el mundo Sahā, reveló las profundas afinidades que los seres vivientes tenemos con dos Budas –el Tathāgata Maestro de la Medicina Luz de Vaiḍūrya en el Este, y el Tathāgata Amitābha en el Oeste–.

El Tathāgata Maestro de la Medicina Luz de Vaiḍūrya es en

el Este el Buda de la Tierra Luz de Vaiḍūrya. Este Buda concede bendiciones y otorga a las personas vidas prolongadas, ayudándolas en tiempos de catástrofe y dificultad.

El Buda Amitābha de la Tierra de la Suprema Felicidad en el Oeste realizó el voto de eliminar el karma de todo aquél que recite su nombre con una mente concentrada. Aquella persona nacerá en un loto en su Tierra, y una vez abierto el loto, podrá ver al Buda, despertando a la paciencia de la no-producción.

El "Mantra de los dos Budas" dice:

"Dos Budas en el mundo Sahā proclaman y transforman,
Akṣobhya en el Este, Amitābha en el Oeste".

Ambos Budas enseñan y transforman a los seres vivientes del mundo Sahā, el Buda Akṣobhya (Maestro de la Medicina) en la Tierra Vaiḍūrya, y el Buda Amitābha en la Tierra de la Suprema Felicidad. Ellos tienen profundas afinidades con todos y cada uno de nosotros. El Tathāgata Maestro de la Medicina es también conocido como "Buda Maestro de la Medicina que Erradica las Calamidades y Prolonga la Vida", y el Tathāgata Amitābha se conoce también como "El Buda de Vida Infinita" (Amitayūs) y "El Buda de Luz Infinita" (Amitābha).

A quienes reciten con mente concentrada el nombre del Buda Maestro de la Medicina, Él otorgará bendiciones y vidas prolongadas, y los guardará de las calamidades, enfermedades y ofensas, cumpliendo además los deseos de todos los seres vivientes. El Buda Amitābha ofrece la posibilidad de nacer en la Tierra de la Suprema Felicidad: quienes deseen nacer en aquella Tierra, simplemente deberán recitar el nombre del Buda Amitābha o "Namo Amitābha Buda". Quienes deseen nacer en la Tierra Vaiḍūrya deben recitar el nombre del Tathāgata Maestro de la Medicina Luz de Vaiḍūrya.

Es natural que las personas tratemos siempre de evitar las calamidades y de vivir hasta una edad avanzada. Los budistas desearíamos además nacer tras la muerte en la Tierra de la Suprema Felicidad. En el contexto budista, las placas de color rojo se utilizan para prolongar la vida, ya que están asociadas al Buda Maestro de la Medicina que Erradica las Calamidades y Prolonga la Vida. La luz de este Buda ilumina la fuente de nuestras vidas.

Aunque básicamente nosotros no estamos separados de estos dos Budas, no llegamos a reconocer a ninguno de ellos. Desearíamos mantenerlos en nuestras mentes, pero ni siquiera conocemos sus nombres. Es por ello que el Buda Śākyamuni nos los presenta y nos cuenta acerca de sus nombres, votos, mérito y virtud. De allí que el nombre de este Sutra sea **"Sutra sobre el Mérito y Virtud de los Votos Originales del Tathāgata Maestro de la Medicina Luz de Vaiḍūrya".**

El nombre de este Buda es **Maestro de la Medicina Luz de Vaiḍūrya. Tathāgata** es uno de los diez títulos de todos los Budas. **Los votos originales** fueron realizados por el Buda Maestro de la Medicina para alcanzar la Bodhi antes de convertirse en un Buda. Quien realiza votos con sinceridad, con certeza cosechará los frutos de esos votos –no los habrá hecho en vano–.

Los votos son también una forma de karma. Los buenos votos cosecharán buenos resultados; los malos votos producirán malos resultados. Cada uno debe tomar la iniciativa de crear sus propios votos. Una vez que hicimos los votos, habrá un poder conductor que nos impulsará a lograrlos.

En sus vidas pasadas, el Buda Maestro de la Medicina realizó votos correctos, por ello logró un buen karma y cosechó resultados beneficiosos. Sus votos son buenos porque los realizó para todos los seres vivientes. No dijo: "Una vez que llegue a ser un Buda, disfrutaré de mis bendiciones y me olvidaré de todos los seres vivientes". Habiendo logrado la suprema felicidad, el Buda quiere compartirla con todos los seres. Él perfeccionó su buen karma practicando vida tras vida el camino del Bodhisattva. Se resolvió a realizar la gran Bodhi para beneficiar, iluminar y rescatar a todos los seres.

Olvidándose de ellos mismos y pensando solamente en los seres vivientes, los Bodhisattvas realizan votos correctos, creando así un buen karma, y obteniendo el beneficioso resultado de la

Budeidad. Los Budas no son arrogantes, y a excepción de la sabiduría que poseen, son exactamente iguales a los seres vivientes. Ellos retornaron hacia la iluminación, y realmente dejaron atrás la confusión.

Nosotros creamos karma con todos nuestros actos y palabras, y casi todos ellos son malos. Podemos ocasionalmente tener un buen pensamiento, que no llega a neutralizar los malos pensamientos. Si registráramos todo nuestro karma en una computadora, encontraríamos más karma malo que bueno. Es por ello que nuestras vidas empeoran progresivamente. Debido al karma impuro que hemos creado, en cada vida debemos sobrellevar dificultades, y terminamos perdidos y solos. A diferencia del Buda, nosotros no siempre hemos realizado votos saludables ni hemos cultivado karmas benéficos, cosechando resultados beneficiosos. Ya que el mal de nuestras mentes supera a nuestra bondad, a cada vida que transcurre, nosotros caemos más y más bajo. Cuando tratamos de realizar votos saludables, nuestro egoísmo se interpone. Algunas veces realizamos buenas acciones, pero nuestra verdadera motivación es sólo mostrar una buena imagen. Por ello, el karma creado por nosotros nunca es totalmente bueno. Dado que nuestras buenas intenciones siempre están contaminadas por pensamientos egoístas, experimentamos en nuestras vidas más sufrimiento que felicidad.

Nuestra alegría no es real. No es la genuina alegría surgida de las virtudes de la permanencia, felicidad, del Yo verdadero y de la pureza de nuestra naturaleza inherente. Aquello que nosotros consideramos como felicidad no es genuino ni duradero. Al ir a bailar o al teatro, o al tomar bebidas alcohólicas, "le damos la espalda a la iluminación y nos unimos a las impurezas (objetos sensoriales)"; nos engañamos creyendo que somos felices.

Ustedes preguntarán: "¿Entonces no hay felicidad en el mundo?" Piensen acerca de ello. Todas las formas de felicidad mundana son causas indirectas de sufrimiento. Tomen como ejemplo la ropa, la comida y el alojamiento. A las personas les gusta vestirse con estilo, pero las ropas costosas y elegantes pasan a ser un yugo alrededor del cuello: les impiden moverse con libertad, permanecer de pie con naturalidad, o sentarse y acostarse cómodamente. Y sólo por proteger sus finas y costosas ropas. ¡Ah! Reflexionen, el ser humano, superior entre todas las criaturas, ¡esclavo de sus ropas!

La gente se deleita con la buena comida, pero aun la preparación más exquisita se descompone una vez ingerida. Si ustedes pidieran a las personas que regurgiten su comida y la coman nuevamente, ninguna lo haría.

En cuanto al alojamiento, hay un dicho:

"Aun teniendo diez mil mansiones para dormir por la noche,
sólo tres metros son necesarios.

Aun teniendo diez mil hectáreas de tierra fértil,
sólo se come tres veces al día".

¿Por qué la ropa, la comida y el alojamiento los tiranizan tanto, al punto de llevarlos a trabajar frenéticamente durante todo el día, sin descanso? Cuando la muerte llegue, deberán decirle al Fantasma de la Impermanencia: "Espere, todavía no he terminado de atender mis asuntos, ¿podría concederme un poco más de tiempo?" En negativa, el Fantasma de la Impermanencia les dirá: "Disculpen, no puedo permitirles vivir siquiera un minuto más". De todas formas ustedes van a morir.

¿Qué sentido tiene ese proceder? Sin aceptar los hechos tal como realmente son, consumimos locamente nuestras vidas tras la fama y la fortuna. En esto diferimos de los Budas, que todo lo ven con claridad y sin apegarse; por ello han obtenido alivio y tranquilidad. Con una mirada amplia, realizaron el voto de beneficiar a los seres vivientes y de practicar el camino del Bodhisattva.

Mérito y virtud, el mérito se establece externamente, mientras que la virtud se acumula en el interior. Uno crea mérito al construir templos, al reparar puentes o caminos; o haciendo cualquier trabajo en beneficio de los demás. La virtud existe dentro de uno mismo y no depende de nada externo. Quien es virtuoso carece de mala conciencia, no tiene motivos para avergonzarse ante los cielos o delante de otras personas. No engaña a otros ni a sí mismo; en todo lo que hace crea mérito externo y acumula virtud interior.

Acerca de la virtud, se dice:

"El bien hecho con la intención de que otros lo noten,
no es un bien genuino.
El mal hecho con temor a ser descubierto,
realmente es un gran mal".

No se jacten diciendo: "He realizado buenas acciones. ¡He recibido los cinco preceptos, los ocho preceptos y los preceptos del Bodhisattva!" Los hechos virtuosos se realizan sin que otros lo noten. Si desean demostrar sus buenos actos, no tendrán virtud; si intentan ocultar sus malos actos, entonces sus ofensas serán verdaderamente grandes.

Los budistas no deben presumir o competir diciendo: "¡He realizado numerosas buenas acciones y cantidades de donaciones! ¡Realmente me esfuerzo manteniendo el Budismo!"

Quienes tienen tal actitud no están en condiciones de ser protectores del Dharma. Por eso, al estudiar las enseñanzas debemos recordar este punto. Debemos valorar la práctica genuina y no la falsa publicidad; ello es muy importante. Como budistas, debemos ser modelos para el mundo. Si tenemos integridad y sostenemos nuestros principios, los demás nos respetarán y serán influenciados por nosotros. Eso es tener mérito y virtud.

La palabra **Sutra** alude al Dharma eterno, a las enseñanzas no sujetas al cambio. Ya que los Sutras son las enseñanzas de los sabios, nunca debemos suprimirles o agregarles siquiera una sóla palabra. La palabra **Sutra** tiene muchos significados, pero generalmente ellos no van más allá de cuatro: "compaginar", "atraer", ser "constante", y ser "una norma".

Los cuatro significados de la palabra "Sutra":

1. **Compaginar:** Los principios y significados predicados por el Buda son compaginados desde el principio hasta el fin.
2. **Atraer:** significa reunir a todos los seres vivientes.
3. **Ser constante:** significa que nunca cambiaron desde la antigüedad hasta el presente. Predicados por los Budas tanto del pasado, del presente, como del futuro; ellos siguen siendo los mismos.
4. **Ser una norma:** el Sutra es una norma seguida por todos los Budas y por todos los seres vivientes del pasado, presente y futuro. Por definición, una "norma" es respetada por todos a través del tiempo.

La palabra **Sutra** tiene el significado de "cuerda de tinta", porque era la línea guía que antiguamente utilizaban los carpinteros para trazar líneas rectas. **Sutra** también significa "manantial que brota con fuerza", porque asemeja al agua de una fuente que fluye a borbotones. Aunque la palabra **Sutra** contiene numerosos grandes principios, ustedes deben recordar el significado general recién tratado.

Ahora continuaremos con la explicación de las palabras del título **Sutra sobre el Mérito y Virtud de los Votos Originales del Tathāgata Maestro de la Medicina Luz de Vaiḍūrya**.

El **Maestro** se refiere al Buda, el gran Rey de los médicos, quien cura las enfermedades de todas las personas. Cualquiera sea la enfermedad incurable que uno tenga, seguramente el Buda podrá curarla. Aun en el caso de aquéllos que supuestamente están por morir, Él podrá devolverlos a la vida. Por ello es el "Maestro de la Medicina".

Vaiḍūrya es una sustancia translúcida y es también el nombre de la tierra de recompensa del Buda Maestro de la Medicina, donde Él es quien hospeda y enseña. Su cuerpo, hecho de **Vaiḍūrya**, es puro y brillante por dentro y por fuera. Este Buda conoce cabalmente todos los varios tipos de medicinas.

En la antigua China, el emperador Shennong神農 (2838 a. C.) había probado todas las variedades de hierbas medicinales, y su cuerpo también tenía transparencia. Cuando ingería una medicina, él podía observar sus efectos en el estómago y además veía los canales por donde circulaban aquellas medicinas. Probó todas las hierbas medicinales y las clasificó como agrias, dulces, amargas, picantes o saladas; como de naturaleza fría, caliente, tibia o neutra; y como venenosas o no tóxicas.

La **luz** del cuerpo de este Buda tiene brillo interno y externo, es un depósito de luz puro y luminoso.

Tathāgata es uno de los diez títulos de un Buda. Los diez títulos son: Así Venido如來 (*Tathāgata*), Digno de Ofrendas 應供 (*Arhat*), De Conocimiento Apropiado y Universal 正遍知 (*Samyaksambuddha*), Perfecto en Comprensión y Práctica 明行足 (*Vidyacarnasampauna*), Bien Ido 善逝 (*Sugata*), Quien Comprende el Mundo 世間解 (*Lokavid*), Héroe Regulador 調御丈夫 (*Purusadamyasarathi*), Maestro de Dioses y Humanos 天人師 (*Sastadevamanusyanan*), Buda 佛 y Honrado por el Mundo 世尊 (*Bhagavan*). Originalmente cada Buda tenía cien mil títulos, pero eran tantos para ser recordados, que fueron abreviados a diez mil. Siendo aún muchos, fueron reducidos a mil; incluso así seguían siendo demasiado numerosos, entonces fueron reducidos a cien. Cien títulos seguían siendo excesivos, entonces fueron reducidos a sólo diez. Estos diez títulos no pertenecen exclusivamente a un Buda; todos los Budas los poseen.

Todos los budistas deben conocer estas diez designaciones generales de los Budas. Quienes nada conocen acerca del Budismo piensan: "Tathāgata" es el nombre de un Buda, pero de hecho cada Buda puede ser llamado Tathāgata. Tathāgata (Así Venido) significa: "Siguiendo el Camino, el cual es Así, Él viene a realizar la correcta iluminación".

Los Votos Originales son los votos que el Buda realizó en sus vidas pasadas, no son los votos realizados en su vida presente. El Tathāgata Maestro de la Medicina Luz de Vaiḍūrya de la Tierra del Este también es conocido como "Buda Akṣobhya". El Buda Maestro de la Medicina pertenece a la división Vajra en el Este. La división Vajra pone énfasis en los Dharmas de Sometimiento, que pueden vencer a los demonios celestiales y a aquéllos de las sectas externas al Camino. Los demonios y los externalistas son dominados tan pronto como ven a los protectores del Dharma Vajra, de la división Vajra. Quien recita con sinceridad el Mantra Sūrāṅgama, que contiene los Dharmas de Sometimiento, tendrá la constante protección de ochenta y cuatro mil Bodhisattvas Vajragarbha (Tesoro Vajra).

SUTRA:

"Así yo he oído. En una ocasión, el Bhagavan viajaba a través de varias tierras para enseñar a los seres vivientes. Al llegar a Vaiśālī, la 'Ciudad de los vastos ornamentos', Él permaneció bajo un árbol que emitía sonidos musicales. Había junto a Él ocho mil grandes bhikṣus y treinta y seis mil Bodhisattvas Mahāsattvas; también Reyes, Ministros, brahmanes, discípulos laicos; dioses, dragones y el resto de la Óctuple División; seres humanos y no-humanos. La inconmensurable gran multitud lo rodeó respetuosamente, y Él habló el Dharma para ellos".

COMENTARIO:

Así yo he oído. La palabra 'Así' significa: "El Dharma que es 'Así' puede ser creído, estudiado y practicado. Ustedes deben realizar votos y practicar de acuerdo al Dharma que es 'Así'". Ananda (quien recitó el Sutra una vez que el Buda entró al nirvāṇa), dijo: "El Dharma hablado en este Sutra es el que yo, Ananda, personalmente he oído del Buda, hablado desde su boca de oro. No es ningún rumor, lo he escuchado personalmente".

Las Cuatro Preguntas

Había cuatro motivos para que el Buda dijera "Así yo he oído", luego de que Ananda le hiciera las cuatro preguntas. Cuando el

Buda estaba por entrar al nirvāṇa, Ananda estaba tan apesadumbrado, ¡que sólo podía llorar! Pese a haber alcanzado la tercera realización del Arhat, Ananda aún se emocionaba. Sufría pensando que el Buda iba a entrar al nirvāṇa, y lloraba tristemente, olvidándose de todo lo demás.

Entonces otro bhikṣu, el Venerable Aniruddha, le recordó:

–Tú eres el encargado de memorizar el Dharma hablado por el Buda. Ahora que Él está por entrar al nirvāṇa, es mejor que reflexiones con claridad, ya que hay algunos temas importantes que deberías preguntarle. ¡Todo lo que sabes hacer es llorar! ¿Qué será de nosotros en el futuro?

Oyendo tales palabras, Ananda se repuso y dijo:

–Tienes razón, pero he llorado tanto que no puedo pensar claramente. ¿Qué deberíamos preguntarle?

El Venerable dijo:

–Primeramente, cuando en el futuro compilemos los Sutras, ¿cómo deberíamos encabezarlos?

–Correcto, ¡eso es muy importante! –replicó Ananda.

–Segundo, mientras el Buda está en el mundo, nosotros lo consideramos nuestro Maestro. Una vez que Buda entre al nirvāṇa ¿a quién deberíamos tomar como nuestro Maestro?

–Sí, esa es también una pregunta importante –dijo Ananda.

–Tercero, mientras el Buda está en el mundo, todos los bhikṣus vivimos junto a Él. Luego de que el Buda entre al nirvāṇa,

¿con quién deberíamos residir?

–Realmente es una buena pregunta –dijo Ananda.

–Cuarto, estando el Buda en el mundo, Él puede disciplinar a los bhikṣus de mala naturaleza. Cuando el Buda entre al nirvāṇa, ¿quién los disciplinará?

–Estas cuatro preguntas son muy importantes. Ahora iré a preguntarle al Buda –dijo Ananda.

Delante del Buda, Ananda se arrodilló, juntó sus palmas y dijo:

–Honrado por el Mundo, ya que Usted está por entrar al nirvāṇa, hay algunas preguntas importantes que desearía hacerle. Espero que compasivamente el Buda me responda.

–¿Cuáles son tus preguntas? Puedes realizarlas ahora –replicó el Buda.

–Buda, usted habló el Dharma durante cuarenta y nueve años, y expuso los Sutras en más de trecientas asambleas. En el futuro, cuando compilemos los Sutras, ¿cómo deberíamos encabezarlos? –dijo Ananda.

–Nuestros Sutras difieren de las escrituras de otras religiones, que comienzan hablando de la existencia o de la no-existencia. Los Sutras budistas deben comenzar con las cuatro palabras "Así yo he oído", las cuales significan: "Yo, Ananda, personalmente escuché este Dharma, que es así; y no es un rumor" –dijo el Buda a Ananda.

–Bien, usaré las cuatro palabras: "Así yo he oído". Mi segunda pregunta es, mientras el Buda está en el mundo, los bhikṣus consideramos al Buda nuestro Maestro. ¿A quién debemos tomar como nuestro Maestro una vez que el Buda entre al nirvāṇa? –preguntó Ananda.

–Luego de que entre al nirvāṇa, los bhikṣus deben tomar a los preceptos como su Maestro, el prātimokṣa es su gran Maestro. Mientras ustedes mantengan los preceptos, será todo como ahora, que estoy en el mundo. Deben evitar todo mal y practicar buenas acciones –contestó el Buda.

En su inicio, la carrera de enseñanza de Buda no tenía preceptos, pero en tanto el Sangha crecía, las complicaciones surgieron inevitablemente: no todos se comportaban de forma apropiada. El Buda estableció los preceptos uno a uno, en respuesta a las necesidades del momento. En la compilación final de los preceptos, docientos cincuenta preceptos eran para los bhikṣus, trecientos cuarenta y ocho para las bhikṣunis, diez preceptos mayores y cuarenta y ocho menores para los Bodhisattvas, diez preceptos para los śramaṇeras (novicios); y cinco y ocho preceptos para las personas laicas. Todas estas varias categorías de preceptos están designadas para ayudar a las personas a comportarse correctamente. Aquéllos de buen comportamiento serán buenos ciudadanos que podrán ayudar a otros beneficiando a la sociedad. Así, los preceptos morales son la base de la paz mundial. Por eso, los bhikṣus deben considerar a los preceptos como su Maestro.

–Ahora realizaré la tercer pregunta. Mientras el Buda está en el mundo, nosotros vivimos junto a Él. Siempre vivimos y estudiamos con el Buda. Luego de que Buda entre al nirvāṇa, ¿con quién deberíamos residir? –prosiguió Ananda.

–Luego de que entre al nirvāṇa, la morada de todos los bhikṣus serán las Cuatro Aplicaciones de la Atención –respondió el Buda.

Las Cuatro Aplicaciones de la Atención son: contemplar al cuerpo como impuro; contemplar a los sentimientos como sufrimiento; contemplar a los pensamientos como impermanentes; y contemplar a los dharmas como sin un "yo" (ego).

La Primer Aplicación de la Atención es contemplar al cuerpo como impuro.

–Pero yo me baño y mantengo mi cuerpo limpio todos los días, me maquillo y lo embellezco con joyas –ustedes dicen.

Podrán adornar su cuerpo con costosas joyas y con diseños exclusivos de ropa, pero ello no será distinto a decorar un baño: por hermoso que luzca, ¡siempre tendrá mal olor!

Los nueve orificios de nuestro cuerpo descargan constantemente impurezas: secreciones sucias de los ojos, cera de los oídos, moco de la nariz, saliva y flema de la boca; junto con el ano y la uretra, ellos constituyen los nueve orificios que descargan impurezas. Sin bañarse durante varios días sus cuerpos comienzan a oler mal. Si comen cebolla y ajo, sus cuerpos se impregnan de olor a cebolla y ajo. Si toman leche, éste olerá a leche; si comen carne vacuna, de ternera o de cerdo, a su alrededor tendrán aquellos olores. Si comen carne de perro, olerán a carne de perro. Tendrán el olor de aquello que coman.

–El sabor está en mi boca, todo lo que debo hacer es cepillar mis dientes y el sabor se habrá ido –ustedes dicen.

¡Incorrecto! El sabor de aquello que coman no sólo queda en la boca, éste penetra en todo el cuerpo. ¿No lo creen? Tomen mucha leche y notarán que su transpiración huele a leche. Puesto que las impurezas siempre provienen de los nueve orificios, ¿qué tan bueno puede ser el cuerpo? Así ustedes deben contemplar al cuerpo, que es impuro. El origen del cuerpo es sucio, está formado por los cuatro elementos (tierra, agua, fuego y aire), y no es real.

Segundo, contemplar a los sentimientos como sufrimiento. Con los sentimientos nos referimos a las sensaciones: no importa cuán agradable la sensación sea, básicamente deviene en sufrimiento. La felicidad es la causa del sufrimiento.

Tercero, contemplar a los pensamientos como impermanentes. Los pensamientos surgen en sucesión continua uno tras otro, no terminan.

Cuarto, contemplar a los dharmas como carentes de un "yo" (ego). Todos los dharmas (fenómenos) están libres de la noción del "yo" y de lo "mío". Éstas son las Cuatro Aplicaciones de la

Atención.

El cuerpo es impuro, pero los sentimientos, los pensamientos y los dharmas también lo son. Los sentimientos conducen al sufrimiento, pero el cuerpo, los pensamientos y los dharmas también resultan en sufrimiento. Los pensamientos son impermanentes, y también lo son los otros tres. Los dharmas no tienen un yo, y los otros tres tampoco lo tienen. Las Cuatro Aplicaciones de la Atención son válidas en el cuerpo tanto como en los sentimientos, en los pensamientos y en los dharmas. Desde el nirvāṇa del Buda, los bhikṣus han "habitado" en las Cuatro Aplicaciones de la Atención, tal como el Buda los instruyó.

–Aquí está mi cuarta pregunta: Estando el Buda en el mundo, Él puede disciplinar a los bhikṣus de mala naturaleza. Luego de que Buda entre al nirvāṇa, ¿cómo debemos comportarnos con ellos? –dijo Ananda.

–Cuando encuentren a un bhikṣu de mala naturaleza, sólo ignórenlo, no le hablen. Ignorarlo es una forma pasiva de expulsarlo; si nadie le presta atención ni discute con él, rápidamente se cansará de crear problemas. Si ustedes le prestan atención o inician una pelea, intentará lograr algo con ello. Pero si ustedes lo ignoran, nada podrá hacer. Un "bhikṣu de mala-naturaleza" es un monje que no practica. No todo aquél que deja el hogar quiere practicar –respondió el Buda.

En el pasado, había en los grandes monasterios de China toda clase de personas que dejaban la vida de hogar, incluyendo a previos asesinos, incendiarios y ladrones. Algunos de ellos se reformaban luego de dejar la vida de hogar, y otros asumían la apariencia de monjes para escapar de las autoridades. El Sangha en China tenía buenas y malas personas; yo creo que éste también será el caso en otras partes.

En cuanto a los criminales, en China los vagabundos son llamados "monos pícaros" y también "Guanyines de las mil manos", por tener tantas manos. Ellos roban todo aquello que les atrae para luego venderlo y comprar bebidas alcohólicas o drogas con ese dinero. No sean ingenuos creyendo que todo aquél que deja la vida de hogar es bueno. Las personas que dejan el hogar –incluyéndome– no son necesariamente buenas. No obstante, yo trato de ser bueno. No sé de las malas acciones que he cometido en el pasado, pero ahora deseo llegar a ser una mejor persona.

La mala naturaleza de los bhikṣus es perversa e irrazonable; cuanto más les discuten, más ellos lo disfrutan. Es por ello que el Buda nos enseñó a ignorarlos.

LAS TRES DUDAS DE LA ASAMBLEA

Cuando Ananda ascendió por primera vez al asiento del Dharma –el asiento desde el cual el Buda exponía el Dharma– para comenzar con la compilación de los Sutras, sucedieron vastos auspiciosos presagios. Por ejemplo, Ananda llegó a dotarse de los treinta y dos rasgos y de las ochenta características menores de un Buda. Ante tales prodigios, surgieron de inmediato entre los miembros de la asamblea tres clases de duda:

1. Pensaron que Ananda era el Buda Śākyamuni que había regresado a la vida.
2. Pensaron que Ananda era un Buda de otro mundo. "¿Es éste un Buda venido de algún otro mundo para hablar el Dharma en el mundo Sahā? De no ser así, ¿por qué tiene esa apariencia?"
3. Pensaron que Ananda mismo se había convertido en un Buda.

La entera asamblea estaba alarmada y desorientada, pero ni bien Ananda dijo: "Así yo he oído", se disiparon las tres dudas. En efecto, él estaba afirmando: "Éste es el Dharma que yo, Ananda, personalmente escuché hablar al Buda Śākyamuni".

Incluso los Arhates tuvieron las tres dudas al ver que Ananda lideraba la compilación de los Sutras. ¡Al oir este Sutra, ¡posiblemente nosotros tengamos miles o incluso diez mil dudas!

Ustedes preguntan: ¿Es este Sutra real? ¿Realmente dijo eso el Buda? ¿Qué prueba hay de ello? ¡Nuestros cerebros humanos generan millones de dudas! Por ello, estudiar el Buddhadharma no es tan fácil. ¿Por qué no tenemos logros? Demasiadas dudas, ¡es por eso!

"El practicante debe cuidarse de no dudar.
Toda vez que dudan, se extravían".

No sean tan escépticos. Ustedes rechazan la verdad, pero rápidamente aceptan una falsa enseñanza, por eso están completamente engañados. Ni bien surge una duda, seguro toman el camino equivocado.

Estudien el Dharma día tras día, y aprendan del Buda a todo momento, no sean negligentes. Si realmente desean estudiar Budismo, deben memorizar el *Sutra Sūrāṅgama*. Todos debemos tener la maestría en ese Sutra, debemos conocerlo tanto por dentro como por fuera. Si ustedes pueden recitar de memoria el *Sutra Sūrāṅgama*, sus estudios de Budismo tendrán sentido. El *Sutra Sūrāṅgama* es la más genuina y penetrante enseñanza del Buda, ella expone todas las imperfecciones y debilidades de las sectas heterodoxas. Aquéllos que comprendan el *Sutra Sūrāṅgama* asustarán severamente a los demonios celestiales y a sus seguidores de las sectas heterodoxas. Por ello, quienes realmente deseen sostener a la Triple Joya y propagar el Budismo, deberán comenzar por estudiar, recitar y explicar el *Sutra Sūrāṅgama.*

Para estudiar Sutras y oír conferencias es necesario tener paciencia. Así como las plantas y las personas crecen y maduran día a día, así como los niños estudian en la escuela cada día, nosotros diariamente debemos hacernos un tiempo para estudiar el Dharma. Es más valioso estudiar Budismo que guardar una gran suma de dinero en el banco. En cuanto al cuerpo del Dharma y a la sabiduría de vida que poseemos, el Dharma es inconcebiblemente más importante que el dinero. No consideren tan seriamente a los bienes materiales. Quienes estudian el Dharma ganan una riqueza trascendental que puede ser útil en el mundo, y que es indispensable para trascenderlo. Por ello, no menosprecien la riqueza del Dharma ni la del mérito y virtud.

¡No lo tomen a la ligera! Mejor sería si pudieran encontrar algo de tiempo en su agenda completa para oír diariamente las conferencias de los Sutras e investigar en el Budismo.

–Pero las conferencias tratan siempre sobre el mismo tema, es aburrido. ¿Por qué tengo que oírlas todos los días? –dicen ustedes.

Más allá de cuán ocupados ustedes estén, aún tienen que comer, vestirse y dormir todos los días. ¿No es así? ¡Si sólo consideraran el escuchar Sutras tan importante como el vestir, comer y dormir!

Los Seis Requerimientos

Al comienzo de cada Sutra hay seis requerimientos. El primero es el requerimiento de la "fe", indicado por la palabra "Así". Debemos tener fe en el Dharma que es así, cultivarlo, y a través de éste alcanzar la Budeidad.

Sólo mediante la fe es posible alcanzar la realización y obtener mérito. Es como comer, si uno no creyera que la comida podría saciarle el hambre, no la comería. De igual modo, aunque el Dharma pueda guiarlos hacia la Budeidad, si no creen en él y no lo cultivan, entonces éste no tendrá ninguna utilidad. Hablar sobre la cultivación no es suficiente. "El Dharma se habla; el Camino se transita". Podrán beneficiarse del Dharma sólo si creen en él y lo practican.

El segundo requerimiento es el del oyente, indicado por las palabras "yo he oído". Ananda se refiere a sí mismo como "yo", pero este "yo" está desprovisto de apegos, y sin apegarse, él trasciende el mundo material. Este "yo" es el yo de la naturaleza verdadera e inherente. Este "yo" no es externo y se refiere al yo interno, a la mente. Éste es el yo inteligente y sabio, poseedor del ojo selectivo del Dharma, que carece de confusión, pudiendo así profundizar en el tesoro de los Sutras y alcanzar una sabiduría vasta como el mar. ¿Cómo puede uno obtener la visión selectiva del Dharma? Ésta se desarrolla a través de los requerimientos de la fe y del oyente.

–Yo tengo fe y quisiera oír el Sutra –ustedes dicen.

De acuerdo, pero debe haber un tiempo –un tiempo para oír la conferencia del **Sutra del Maestro de la Medicina**. La frase "**En una ocasión**" se refiere al tiempo en que fue hablado y oído este Sutra, y también al tiempo en que Ananda compiló este Sutra. Las palabras "En una ocasión" cumplen con el requerimiento del tiempo. Ustedes pueden tener fe y desear oír el Sutra, pero si la conferencia se desarrolla en un momento que les resulta inconveniente, seguirán aún sin oir el Sutra.

Bhagavan es otra designación para el Buda; quien no conoce el significado de "Bhagavan", sólo debe recordar que es otro nombre sánscrito del Buda. En el texto, la palabra "Bhagavan" cumple con el requerimiento del hospedero. Aunque se cumplan los requerimientos de "fe, oyente y tiempo", si no hay quién dé la conferencia sobre el Sutra, entonces, ¿qué han venido a escuchar? ¡No hay nada que escuchar, nada en qué creer, y el tiempo tampoco es relevante! De modo que se necesita un "hospedero", una persona que explique el Sutra y hable el Dharma.

La traducción de la palabra **"Bhagavan"** tiene seis significados:

1. *Confortable*
2. *Renombrado*
3. *Adornado*
4. *Resplandeciente*
5. *Propicio*
6. *Honrado.*

Propicio: a los chinos, especialmente a los cantoneses, les gusta tener auspicios. Para año nuevo siempre dicen: "¡Buena suerte! ¡Que todos sus deseos se conviertan en realidad!" Aunque les gusta tener buena suerte, gastan su tiempo bailando y jugando al dominó chino. Si quieren que los acontecimientos sean propicios y acordes a sus deseos, tienen que recitar el nombre de Buda. También tienen que ser buenos y seguir las reglas. Si juegan al dominó chino ¡podrían perder incluso hasta sus ropas! ¿Llamarían a eso suerte?

Honrado: el Buda es el más honrado. Si deseamos ser honrados, debemos aprender del Buda, el ser más venerable y perfecto, libre de todo mal hábito, falta, ilusión y pensamientos dispersos. El estado de Buda es más elevado que el de un Arhat. El *Sutra del Dharma Floral* comienza: "Así yo he oído. En una ocasión, el Buda moraba en el monte Gṛdhrakūṭa, próximo a la ciudad de Rājagṛha (Casa de Reyes), junto a una asamblea de grandes bhikṣus, doce mil en total. Eran todos Arhates..." Eran Arhates porque "habían extinguido todas las efusiones". Quien alcanza el estado de Arhat ya no tiene faltas, malos hábitos o falsos pensamientos. Ha puesto un fin al ciclo de nacimiento y muerte, ha realizado todo lo que supuestamente debía hacer. Cuando el Uno es alcanzado, todas las cosas llegan a su fin. Habiendo alcanzado el Uno, ellos no vuelven a buscar en lo exterior. Como no buscan en el afuera, no tienen más efusiones. El hablar, el observar objetos externos y el oír sonidos, son todas efusiones.

–Pero yo no puedo impedir que mis ojos vean y que mis oídos oigan –dicen ustedes.

Es por ello que aún no llegaron a ser Budas. Dirigiéndose siempre hacia afuera, se han olvidado de regresar. No son capaces de girar la luz y de hacerla brillar en el interior.

El extinguir todas las efusiones implica no tener ninguna clase de faltas –no tener codicia, no competir, no buscar, no ser egoísta y no buscar ventajas personales–. El afecto y el amor son también faltas, y los pensamientos de deseo constituyen la peor de las faltas. Extinguir todas las efusiones significa terminar con el deseo, con la lujuria o con los pensamientos salvajes e ilusorios.

Los Arhates no tienen más aflicciones; alcanzaron el beneficio propio al recuperar verdaderamente la sabiduría inherente, ganando así las ventajas de las enseñanzas de Buda. Tal como les pregunté: "¿Quién es el Buda?, el Buda es una persona de gran sabiduría. Quien posea verdadera sabiduría y no se engañe, llegará a ser Buda". Aquéllos que viven engañados, que tienen una codicia insaciable buscando siempre más, que luchan con todos, siendo egoístas y persiguiendo ganancias personales, no han obtenido ningún beneficio del Dharma. Aquéllos que han alcanzado un genuino beneficio no anhelan en el exterior. Para ellos el oro, la plata y las riquezas no tienen ningún valor. Las formas, los sonidos, los olores, los sabores y los objetos del tacto no los afectan. Eso significa "habiendo alcanzado el beneficio propio".

"Ellos agotaron todas las aflicciones de la existencia", erradicaron todos los hábitos residuales, y escaparon de todas las complicaciones que solían atarlos. Son verdaderamente libres y "sus corazones alcanzaron el propio dominio". Sus corazones están liberados y tranquilos. De todos modos, el estado de Buda es mucho más avanzado. Por ello el Buda es considerado el más honrado y venerable.

Quien desea ser como el Buda, deberá primero aprender a no pelear, a no tener codicia ni egoísmo, a no buscar y a no perseguir ventajas personales. Pero si uno afirma que no procede de mal modo mientras planea un robo, ¡sólamente se estará engañando a sí mismo y a los demás! El verdadero no pelear surge cuando uno deja que los hechos sigan su curso natural. Todo sucede con naturalidad para quien no codicia.

En cuanto al no buscar, se dice que "cuando uno alcanza el estado de no buscar, carece de preocupaciones". Las preocupaciones provienen de la búsqueda de objetos materiales. Tampoco deben ser egoístas. Todos los problemas del mundo provienen del egoísmo y del deseo. No ser egoísta significa no buscar nada y no tener apegos emocionales. No buscar la ventaja personal significa no pensar en el propio beneficio, placer o comodidad. ¡Aparten todas estas faltas y entonces se convertirán en Budas!

Los seis significados de "Bhagavan" son muy importantes, y todos los budistas deberían recordarlos. Si no lo hacen, ni siquiera reconocerán al Buda. Es como con las personas; pueden decir que conocen a alguien si reconocen su apariencia o el sonido de su voz. Es similar cuando conocen al Buda, pero, si ni siquiera saben qué significa el título "Bhagavan", ¡indudablemente serán budistas aturdidos!

El Buda viajaba a través de varias tierras para enseñar a los seres vivientes. Al llegar a Vaiśālī, la "Ciudad de los vastos ornamentos", Él permaneció bajo un árbol que emitía sonidos musicales. El Buda enseña y transforma a los seres vivientes, no sólo en un país, sino en todos los países donde él tiene afinidades.

En tanto el Buda viajaba a través de varias tierras para enseñar a los seres vivientes, llegó a la gran ciudad de Vāiśalī, y sentándose en la postura de loto completo bajo un árbol que emitía sonidos musicales, habló el Dharma para las multitudes.

Vaiśalī y descansó **bajo un árbol que emitía sonidos musicales,**

cumplen con el requerimiento de un lugar. Previamente nos hemos referido al requerimiento de la fe, del oyente, del tiempo y del hospedero. En cuanto al requerimiento de un hospedero, si hay una persona que habla el Sutra pero no tiene un lugar en donde hacerlo, ¿cómo podría hablar? Por ejemplo, si aquí no tuviéramos un salón de conferencias, ¿cómo podría haber una conferencia sobre el Sutra del Maestro de la Medicina? Por ello, se necesita un lugar. **El árbol que emitía sonidos musicales** es el sitio desde el cual el Buda habló el Sutra del Maestro de la Medicina.

Los bhikṣus y los Bodhisattvas mencionados en el siguiente pasaje del texto cumplen con el requerimiento de una audiencia. Una vez que hay un Maestro y un lugar para la conferencia, las personas acuden para oírla. Si nadie hubiera ido a oír al Buda cuando hablaba, sus discursos hubieran sido en vano. El Dharma se habla para los seres vivientes, y en cada asamblea del Dharma hay seres vivientes que tienen afinidades con esta asamblea. Por ejemplo, ustedes han venido a la conferencia sobre este Sutra porque tienen afinidad con este Sutra; aquéllos que carecen de afinidad, aun si hubiesen querido no hubieran podido venir. Ustedes ahora tienen la oportunidad de venir diariamente porque han plantado buenas raíces durante muchas vidas pasadas y muchos eones. ¡No es tan simple como ustedes piensan!

Como ustedes no comprenden lo difícil que resulta formar

parte de una asamblea del Dharma; en ocasiones se vuelven perezosos y piensan: "El Maestro todavía no está aquí, así que iré a divertirme". Y entonces salen al cine, a bailar o a una fiesta. En ello gastan su energía, sin obtener ningún beneficio.

Viniendo a la conferencia de un Sutra, pueden oír el sonido del Dharma, aligerando así sus vicios mundanos y sus pensamientos engañosos. Estudiando la sabiduría *prajña* encontrada en los Sutras, cada vez que la escuchan comprenden un poco más.

–Yo ya entiendo mucho –ustedes dicen.

¿Y qué hay de malo si aprenden un poco más? ¿Por qué pensar que es demasiado? ¡Nunca los escuché quejarse por tener demasiado dinero! Su actitud es ¡cuanto más dinero, mejor! Entonces, ¿por qué cuando estudian el Correcto Dharma ustedes temen aprender mucho? ¿No creen estar confundidos? Sin haber jamás pensado en ello, simplemente olvidaron lo fundamental para ir tras lo superficial. Buscando a lo lejos, no reconocen aquello que está junto a ustedes. A no ser que investiguen con seriedad en el Buddhadharma, ¡estarán perdiendo su tiempo!

Había junto a Él ocho mil grandes bhikṣus. Los bhikṣus son hombres que han dejado la vida de hogar. Eran llamados "grandes bhikṣus" porque eran virtuosos y sabios ancianos que habían dejado el hogar desde hacía veinte o treinta años. "Bhikṣu" es una palabra sánscrita de tres significados: 1.

mendicante 2. que atemoriza a los demonios 3. destructor del mal. Aunque un mendicante sea quien recolecta limosnas, no es un mendigo común. Los mendigos comunes obtienen algunas veces su comida de forma inescrupulosa, careciendo del espíritu de ecuanimidad; y se atormenten cuando no consiguen comida suficiente. Por otra parte, un mendicante no nota si la comida es o no sabrosa, ni le preocupa la cantidad que recibe. Él simplemente desea dar a las personas la oportunidad de "plantar" bendiciones. Las bendiciones del donante serán tan abundantes como las semillas que siembran.

El monje mendicante se liberó de la aflicción y de la ignorancia. Su comportamiento es digno, y obtiene comida de un modo apropiado. Al caminar por las calles, los bhikṣus no se descuidan mirando a su alrededor; los ojos contemplan a la nariz, la nariz contempla a la boca, y la boca contempla a la mente. No miran, oyen, hablan, ni realizan ningún acto impropio, buscan limosna en silencio. Contrariamente, los mendigos comunes adulan desde la puerta de las casas diciendo: "¡Señor, señora! ¡Obtendrán bendiciones, riquezas y buena fortuna!"

Mientras buscan limosnas, los bhikṣus permanecen en silencio y aceptan la ofrenda que les den. Cuando no reciben ofrendas, se retiran sin disgustarse. Así se diferencian los monjes mendicantes de los mendigos comunes.

El segundo significado de "bhikṣu" es "el que atemoriza a los demonios". Al ser los bhikṣus muy correctos y honestos, los demonios celestiales y los externalistas al Camino les temen, y los demonios y fantasmas se les apartan. Su propia energía vence a la de cualquier ser desviado.

El tercer significado es "destructor del mal". Las personas comunes encuentran difícil abandonar sus malos hábitos. Sin embargo, los bhikṣus que cultivan el Camino se concentran en eliminar sus malos hábitos y en reformarse. Son capaces de comenzar nuevamente, corrigiendo sus faltas para mejorar. Por ello se los llama destructores del mal.

Estaban presentes en la Asamblea ocho mil grandes bhikṣus **y treinta y seis mil Bodhisattvas Mahāsattvas.** Bodhisattva es una palabra sánscrita, término muy popular actualmente en China. Aunque utilizado por muchos, mayormente no se conoce su significado. Dicen: "¡un Bodhisattva es un Bodhisattva!"

El "Bodhisattva" es un sabio del Gran Vehículo. La completa transliteración china del término sánscrito, es *putisaduo*, pero en chino se utiliza la forma abreviada "*pusa*". Bodhisattva significa "Aquél que ilumina a los seres sintientes". Los Bodhisattvas conforman uno de los nueve reinos del Dharma de los seres vivientes, y también uno de los Cuatro Reinos del Dharma de los Sabios. El Bodhisattva utiliza su sabia iluminación para rescatar y liberar a todos los seres que sienten, a los seres con sangre y respiración. Los seres que no tienen sangre son llamados insensibles, tales como las plantas, que carecen de sentimientos. Aunque son insensibles, ellos poseen naturaleza y crecen dentro del gran, brillante y luminoso tesoro de Buda.

También se define al Bodhisattva como un "Ser Viviente Iluminado". El Bodhisattva es similar a los otros seres vivientes, a excepción de que está iluminado. Al ser iluminado, "no realiza el mal y practica todo acto de bien"; carece de faltas o de malos hábitos. Habiendo alcanzado la suprema sabiduría, no alberga ninguna confusión ni actúa desde la ignorancia.

Los seres vivientes comunes se entorpecen siempre debido a la ignorancia. Frente a un problema, no saben cómo resolverlo por carecer de verdadera sabiduría y de iluminación. Aquéllos de los Dos Vehículos se iluminan por sí mismos -han obtenido la comprensión y carecen de confusión-. No obstante, ellos no le enseñan a otros el método a través del cual se iluminaron. Los Bodhisattvas se iluminan por sí mismos, y también comparten su sabia iluminación con otros seres vivientes, enseñándoles a iluminarse a través del método que ellos mismos utilizaron. De todos modos, la iluminación de los Bodhisattvas no es completa.

El Buda es aquél que se ha iluminado por sí mismo, que iluminó a otros, y que perfeccionó su práctica de iluminación. Se denomina Buda porque es perfecto en las Tres Iluminaciones y está colmado de miríadas de virtudes.

Los Bodhisattvas que continúan su progreso pueden llegar a

la Budeidad. Hay numerosos diferentes niveles de Bodhisattvas, por ejemplo: hay Bodhisattvas del primero, segundo, tercero, cuarto, quinto, sexto, octavo, noveno y décimo Suelo (nivel). Cuando los Bodhisattvas alcanzan el nivel de Iluminación Ecuánime, su iluminación es virtualmente igual a aquella de los Budas –están sólo a un paso de la budeidad–.

Los **Mahāsattvas** son los grandes Bodhisattvas provistos de grandes votos, de gran sabiduría, de gran habilidad y realización en la cultivación. En la vasta asamblea del Buda Maestro de la Medicina había treinta y seis mil Bodhisattvas Mahāsattvas.

También Reyes y Ministros. También estaban presentes varios Reyes. Los Reyes gobiernan al país para otorgar bendiciones y prosperidad a las personas, que son asisitidas por los Ministros.

Brahmanes. Los brahmanes (clase sacerdotal) constituían una de las dos clases nobles en la antigua India. Aunque tanto los brahmanes como los budistas son vegetarianos y mantienen ciertas prácticas ascéticas, la meta de los Brahmanes es nacer en los cielos. Si bien ellos cultivan la pureza y el ascetismo, no trabajan para vencer la codicia, la ira y la ilusión. Su equivalente chino son los taoístas. Pese a las diferencias externas, los brahmanes y los taoístas comparten prácticas y creencias similares. Hay entre los brahmanes numerosos hábiles practicantes.

Discípulos laicos. Los títulos **Upāsaka** o **Upāsikā** (budistas laicos hombres y mujeres respectivamente), se utilizan para denominar a otros, pero no está permitido auto-denominarse como tal. Algunos laicos imprimen tarjetas comerciales con los nombres "upāsaka tal", y también se refieren a sí mismos como upāsakas, pero ello no es correcto. Por ejemplo, en China la palabra "Xiang sheng" (Señor) es la forma más común de presentación. Por respeto unos se dirigen a otros como "Señor tal", pero uno no debe auto-denominarse "Sr. Y" o "Sr. Z". Quien se autodesigna Xiangsheng sin avergonzarse, no comprende el idioma chino. "Señor" es un título reservado para los sabios y virtuosos ancianos y "Upāsaka" se utiliza para un laico que posee las diez clases de virtudes.

"Maestro del Dharma" es también un título utilizado por unos para dirigirse a otros. Se estarían alabando si se refirieran a sí mismos como Maestros del Dharma. Sería como auto-designarse Emperador. Otros pueden saludar al Emperador diciendo "¡Larga vida a su Majestad!", pero el Emperador no puede atribuirse tal nombre. Es una cuestión de sentido común. Los títulos "Upāsaka" y "Maestro del Dharma" son dos formas de dirigirse con respeto a los demás. Por supuesto, deben respetarse a sí mismos, pero no necesitan dar muestras de ello.

La erudición y el conocimiento de la cultura china son ilimitados e inagotables, y por omitir un pequeño punto, pueden terminar cometiendo un gran error. Estas reglas formales son normalmente pasadas por alto.

Había también **dioses, dragones y el resto de la Óctuple División.** Nuestro templo está protegido por dioses, dragones y el resto de la Óctuple División de fantasmas y espíritus. Todos recordarán que al mudarnos al Monasterio Rueda de Oro y al comenzar con la renovación del mismo, algunas personas tuvieron la visión del Bodhisattva Guanyin suspendido en el aire, sentado, con sus pies descansando sobre una tortuga. Al costado oriental de la propiedad había un bar donde frecuentaban traficantes de drogas, alcohólicos, bailarinas desnudas y otros de mala reputación. Sucedió que justo antes de nuestra ceremonia de apertura, el bar se cerró definitivamente. El barrio tenía un mal ambiente, pero ahora está mucho más depurado. Ésta es la respuesta recibida de los dioses, dragones y el resto de la Óctuple División, que protegen el monasterio.

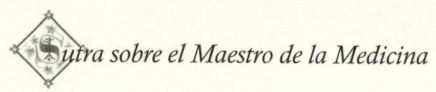

Cuando este lugar era una iglesia, venía gente un tanto descuidada que dejaba comida en el suelo, atrayendo así muchos ratones. Ahora nosotros estamos aquí propagando el Buddhadharma, por ello los dioses, dragones y el resto de la Óctuple División deberían proteger este templo y ahuyentar rápidamente a los ratones. En realidad, a mí no me molesta tener ratones aquí, sólo que al verlos, la gente tiene la impresión de que nuestro lugar no es higiénico. Es por ello que ahora nosotros requerimos de los espíritus protectores del Dharma para que realizen el trabajo de proteger el monasterio. Ahuyenten a los ratones y a cualquier otro ser que no deba estar aquí, no sean corteses con ellos.

La Óctuple División está formada por los dioses, dragones, **yakṣas**, **gandharvas**, **asuras**, **garuḍas**, **kinnaras** y **mahoragas.**

En el pasado los dioses celestiales realizaron los votos de proteger los templos de Buda.

Los dragones son seres mágicos. En sus vidas pasadas, avanzaban "rápidamente cultivando en el Vehículo, y lentamente con los preceptos". Cultivaban vigorosamente el Budismo del Gran Vehículo –Mahāyana, pero buscando acortar camino para obtener poderes espirituales, practicaron intensamente los dharmas esotéricos. Finalmente desatendían los preceptos, realizando malos actos sin practicar el bien. De acuerdo a las prácticas esotéricas que realizaban, algunas veces robaban cráneos de cadáveres para recitar mantras sobre ellos. También robaban las placas que las personas colocan en honor a sus ancestros, para luego ordenar que los fantasmas y espíritus utilicen a aquellos ancestros como intermediarios (mediums).

Los dragones eran practicantes que avanzaban sumamente rápido, pero que no prestaban mucha atención a los preceptos. Actuando con negligencia, ellos los infringían teniendo conductas sexuales impropias, mintiendo, matando y robando. Para llevar a cabo sus prácticas robaban los cráneos humanos y las placas de ancestros, e incluso los árboles que circundan las tumbas. Se aproximaron al Dharma con codicia y con mentes desviadas. Es por ello que eran rápidos con el Vehículo y lentos con los preceptos. Obtuvieron poderes espirituales por avanzar con rapidez en el Vehículo, y cayeron en el reino animal por avanzar con lentitud en la práctica de los preceptos. Los dragones son animales, pero son también criaturas espirituales. A través de sus poderes espirituales, los dragones tienen la habilidad de cambiar de tamaño a voluntad, llegando a convertirse de muy pequeños a muy grandes, y pueden también desaparecer y reaparecer de súbito. De todos modos, tienen un gran temor de calcinarse al sol, porque ello les resulta tan doloroso como si fueran quemados por el fuego, debiendo remojarse bajo la lluvia. Éstos son los dragones celestiales.

Los **yakṣas** también son llamados "fantasmas veloces" porque viajan muy rápidamente. Hay **yakṣas** que viajan por el espacio, por tierra o por agua. Viajan más rápido que los autos, aviones y cohetes. Pueden viajar diez mil kilómetros en un simple pensamiento. Hay una gran variedad de **yakṣas**, así como hay una gran variedad de dragones: dragones dorados, dragones de fuego, dragones verdes, dragones blancos, dragones negros y demás. Hay también numerosos grupos étnicos entre la raza humana, y dentro de cada grupo étnico o nacionalidad hay además distinciones entre sureños, norteños, orientales y occidentales. Todos estos diferentes grupos de personas tienen su propio lenguaje y sistema de escritura. En general, incontables especies de seres vivientes habitan el mundo, y cada especie contiene infinitas variantes dentro de ella. Ésa es la maravilla del mundo.

Las personas nunca entenderán por completo los secretos del mundo. Ahora que la gente va a la luna, nos parece estar a punto de experimentar un descubrimiento, que todo se comprenderá. No obstante, cuando todo se haya comprendido, el mundo llegará a su fin. Cuando todo haya sido descubierto, el mundo desaparecerá, ¡se acabó la función! Toda vez que los humanos puedan comunicarse y viajar a otros planetas, la población mundial será aniquilada por las armas nucleares o por desastres naturales tales como terremotos y erupciones volcánicas. Más allá de lo floreciente que el mundo llegue a ser, cuando alcance la cumbre de su gloria, éste retornará a la oscuridad, así como el día se convierte en noche. De mañana nos levantamos y el día comienza; cuando el día termina, nos vamos a dormir. Tan pronto como cerramos los ojos, nos enturbiamos y confundimos. Todo objeto material, grande y pequeño, pasa por ciclos.

Los **gandharvas** son espíritus que ejecutan una música maravillosa. En los cielos, los inmortales se sientan a oírlos completamente extasiados, olvidando el paso del tiempo. Pero los **gandharvas** no ejecutan su música para cualquiera. El

Emperador de Jade puede disfrutar de su música porque conoce sus debilidades. Él sabe que si ellos perciben el aroma del incienso, de inmediato acuden para olerlo, más allá de la distancia lejana en que se encuentren. El Emperador de Jade tiene un tipo especial de incienso que utiliza para atraerlos. Cuando ellos llegan a su Palacio y huelen el incienso, comienzan a bailar y a cantar. Por ello, los **gandharvas** son llamados "espíritus que inhalan incienso". Hay ocho reyes dragones y cuatro reyes **gandharva**.

Hay cuatro clases de **asura**. Los **asuras** son temperamentales y están siempre enojados. Quienes tienen mal carácter están bajo el control de los **asuras.** En los cielos, a los **asuras** se los llama "sin vino". Viviendo en los cielos, ellos carecen de vino para beber. También son conocidos como "no-dioses", debido a que su situación en los cielos es similar a la de un extranjero ilegal en América, que vive en América y puede disfrutar el pan y manteca americanos, pero que no puede votar o competir por un cargo. Los **asuras** celestiales están en guerra continua con las tropas celestiales del Señor Śakra (el Emperador de Jade), con la esperanza de vencerlo y de usurpar su trono. Ellos pueden vivir en los cielos y disfrutar de las bendiciones de los dioses, pero allí no tienen ninguna autoridad.

Los **garuḍas** son grandes pájaros Peng, de alas doradas 大鵬金翅鳥. Tienen también la habilidad de variar sus tamaños de pequeños a grandes, y de aparecer o desaparecer a voluntad. Sus alas miden trecientos treinta *yojanas* 由旬. Si un *yojana* mide sesenta y cinco kilómetros, ¡imaginen cuánto medirán trecientos treinta *yojanas*! Con un batir de sus alas, el pájaro Peng seca las aguas del mar, pudiendo así engullir a todo dragón que quede a la vista –¡grandes, pequeños, jóvenes y viejos!–, con otro batir de sus alas puede nivelar las montañas moviéndolas hacia el océano.

Los **garuḍas** tienen grandes penetraciones espirituales, y los dragones les temen más que a ninguno. Pero al haber tomado refugio con el Buda, los **garuḍas** viven en paz con los dragones, y ya no los comen. El primer capítulo del *Sutra del Maravilloso Dharma de la Flor de Loto* describe los cuatro tipos de **garuḍas.**

Los **kinnaras** son llamados "espíritus escépticos" porque aparecen como humanos, a excepción de que poseen un único cuerno en la cima de sus cabezas. Ellos también ejecutan una música sumamente delicada.

Los **mahoragas** son espíritus de enormes cuernos. Los dioses, dragones y el resto de la Óctuple División incluyen a quienes previamente fueron demonios, fantasmas y duendes; que se reformaron y convirtieron en protectores del Dharma del Budismo. Entonces, las malas personas pueden a veces reformarse, llegando a ser buenas. Tal como es dicho: "Aunque el océano del sufrimiento sea interminable; con un sólo giro se llega a la otra orilla". Quienes han cometido los Diez malos actos y los Cinco actos rebeldes, pueden aún comenzar otra vez, y llegar a ser buenos. Arrepentidos por el daño que causaron al Budismo previamente, los fantasmas y espíritus de la Óctuple División realizaron el voto de proteger el Budismo.

También había **seres humanos y no-humanos**. Tanto las personas como otras clases de seres se acercaron a proteger las enseñanzas del **Buda y a sustentar a la Triple Joya.**

La inconmensurable gran multitud lo rodeó respetuosamente, y Él habló el Dharma para ellos. Incontables seres en la asamblea del Dharma rodearon respetuosamente al Buda, **y Él habló el Dharma para ellos.**

SUTRA:

"Recibiendo en aquel momento la imponente inspiración del Buda, el Príncipe del Dharma Mañjuśrī se levantó de su asiento, descubrió uno de sus hombros, se apoyó sobre su rodilla derecha, e inclinando su cabeza y juntando las palmas, dijo al Bhagavan: '¡Honrado por el Mundo! Deseamos que nos hable sobre Dharmas tales como los nombres de los Budas, acerca de los grandes votos que ellos realizaron en el pasado y de su supremo mérito y virtud, así quienes los escuchen serán liberados de sus obstrucciones kármicas. Con esta petición intentamos también traer beneficio y alegría a los seres sintientes en la Era de la Apariencia del Dharma'".

Comentario:

En aquel momento, el Príncipe del Dharma Mañjuśrī. El Buda es el Rey del Dharma, y los Bodhisattvas son los Príncipes del Dharma. Como Mañjuśrī es un Bodhisattva de Iluminación Ecuánime y muy pronto alcanzará la budeidad, recibe el nombre de Príncipe del Dharma, el hijo del Rey del Dharma.

Recibiendo la imponente inspiración del Buda. Respetuosamente, él recibió el imponente poder espiritual de los Budas de las diez direcciones. **Levantándose de su asiento, descubrió uno de sus hombros.** Descubrió su hombro derecho, ¿por qué? En principio, ésta era una costumbre hindú, ya que el verano en India es extremadamente caluroso. Al descubrir el hombro derecho, la gente dejaba salir el aire caliente que tenía bajo sus ropas para refrescarse. Además, descubrir el hombro derecho es una forma de mostrar respeto hacia el Buda. Al descubrir el hombro derecho, uno actúa acorde a las convenciones mundanas; y por otra parte, uno busca el Dharma trascendental. Lo real y lo convencional son mutuamente inseparables y no se obstruyen entre sí.

El **Bodhisattva Mañjuśrī se apoyó sobre su rodilla derecha, e inclinando su cabeza y juntando las palmas, dijo al Bhagavan** –al Honrado por el Mundo–. Ello representa el respeto del cuerpo y de la mente, y la pureza de los tres karmas.

¡Honrado por el Mundo! Deseamos que nos hable sobre Dharmas tales como... Todos nosotros en la asamblea del Dharma ahora pedimos con un sólo corazón que el Buda nos explique los dharmas de **los nombres de los Budas,** los nombres del Tathāgata Maestro de la Medicina Luz de Vaiḍūrya, el de los Budas de las diez direcciones; acerca de **los grandes votos que ellos realizaron en el pasado, con su supremo mérito y virtud.** Por favor, cuéntenos cómo llegaron a acumular tal supremo mérito y virtud mientras practicaban el camino del Bodhisattva. **...Así quienes los escuchen serán liberados de sus obstrucciones kármicas.** Escuchando acerca de los votos de los Budas y de su mérito y virtud; las ofensas y obstrucciones kármicas de los seres vivientes desaparecerán, y retornarán a la pureza.

Con esta petición intentamos también traer beneficio y alegría a los seres sintientes en la Era de la Apariencia del Dharma. Deseamos que todos los seres vivientes se liberen de las preocupaciones y sufrimientos. En la Era de la Apariencia del Dharma se construían muchos templos e imágenes de Buda, pero había muy pocos practicantes serios. El Bodhisattva Mañjuśrī pide al Buda que hable el Dharma para la asamblea y también para las personas que viven en la Era de la Apariencia del Dharma y en la Era del fin del Dharma.

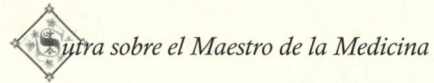

SUTRA:

Alabó entonces el Buda al Joven Puro Mañjuśrī: "¡Excelente! ¡Excelente, Mañjuśrī! Con gran compasión, por el bien de los seres sintientes impedidos por sus obstrucciones kármicas, y con el propósito de otorgar beneficio, paz y alegría a los seres que viven en la Era de la Apariencia del Dharma, tú ahora solicitas que hable acerca de los nombres de los Budas y sobre el mérito y virtud de los votos que ellos realizaron en el pasado. Escucha atentamente mis palabras y reflexiona profundamente acerca de ellas, ya que ahora te contestaré".

Mañjuśrī dijo: "Por favor háblenos, nos regocijaremos de escucharlo".

COMENTARIO:

Alabó entonces el Buda al Joven Puro Mañjuśrī. El Bodhisattva Mañjuśrī había comenzado la práctica del camino del Bodhisattva cuando era un joven puro, y con el tiempo llegó a ser el más destacado líder entre los Bodhisattvas. El Buda lo alabó diciéndole, **¡Excelente! ¡Excelente, Mañjuśrī!** Tú eres un buen Bodhisattva. ¡Eres un magnífico Bodhisattva! Te alabo porque **con gran compasión, tú ahora solicitas que hable.** Tú tienes un corazón de gran bondad y compasión. Tal bondad puede congregar a aquéllos que carecen de afinidades. Ahora tú solicitas el Dharma en beneficio de todos los seres vivientes, tengan o no afinidades con el Dharma. Deseando compasivamente rescatar a todos los seres, me pides que les hable **acerca de los nombres de los Budas, y del mérito y virtud de sus pasados votos.**

Por el bien de los seres sintientes impedidos por sus obstrucciones kármicas que sufren en los tres senderos inferiores, **y con el propósito de otorgar beneficio, paz y alegría a los seres que viven en la Era de la Apariencia del Dharma,** tú ahora solicitas el Dharma. Deseas el beneficio de todos los seres sintientes en la Era de la Apariencia del Dharma, brindándoles felicidad, y liberándolos de las aflicciones.

Escucha atentamente mis palabras y reflexiona profundamente acerca de ellas, ya que ahora te contestaré. Escucha bien y reflexiona cuidadosamente sobre el Dharma que ahora te explicaré.

Dijo Mañjuśrī: "Por favor, háblenos, nos regocijaremos de escucharlo". Buda, por favor sea compasivo y hable para nosotros. Todos nosotros ahora deseamos oír al Buda explicando este Dharma.

SUTRA:

Dijo el Buda a Mañjuśrī: "Yendo hacia el Este, pasando por tierras de Buda numerosas como los granos de arena de diez ríos

Ganges, hay un mundo llamado 'Vaiḍūrya Puro'. Allí el Buda es llamado Tathāgata Maestro de la Medicina Luz de Vaiḍūrya (Bhaiṣajyaguru Vaiḍūrya Prabhasa Tathāgata), De Iluminación Correcta y Ecuánime, Perfecto en Comprensión y Práctica, Bien Ido, Quien Comprende el Mundo, Señor Supremo, Héroe Regulador, Maestro de Dioses y Humanos, Buda, y Bhagavan.

Mañjuśrī, en el pasado, cuando el Honrado por el Mundo, Tathāgata Maestro de la Medicina Luz de Vaiḍūrya practicaba el camino del Bodhisattva, realizó doce grandes votos que posibilitan a todos los seres sintientes obtener aquello que buscan".

COMENTARIO:

Dijo el Buda a Mañjuśrī: "Yendo hacia el Este, pasando por tierras de Buda numerosas como los granos de arena en diez ríos Ganges, hay un mundo llamado 'Vaiḍūrya Puro'. Yendo desde nuestro mundo Sahā hacia el Este, y pasando por tantas tierras de Buda como granos de arena hay de diez ríos Ganges, o tal vez aún un número mayor, encontrarán un mundo llamado Tierra de Vaiḍūrya Puro. Aquel es un mundo translúcido y puro, y el suelo está hecho de Vaiḍūrya.

Allí el Buda es llamado Tathāgata Maestro de la Medicina Luz de Vaiḍūrya. Como todos los Budas, posee los diez títulos. **De Iluminación Correcta y Ecuánime, Perfecto en Comprensión**

y Práctica. Él ya ha realizado la Inigualable, Apropiada, Ecuánime y Correcta Iluminación. Su cultivación y sabiduría son perfectas. **Bien Ido**, que significa 'quien termina bien su vida', **Quien Comprende el Mundo,** es el más sabio en el mundo; su comprensión es insuperable. **Señor Supremo, Héroe Regulador, Maestro de Dioses y Humanos, Buda, y Bhagavan.** Bhagavan significa "Honrado por el Mundo".

Mañjuśrī, en el pasado, cuando el Honrado por el Mundo, Tathāgata Maestro de la Medicina Luz de Vaiḍūrya practicaba el camino del Bodhisattva, antes de convertirse en Buda, realizó doce grandes votos. Aquéllos que cultivan deben realizar verdaderos votos. Deben producir grandes y genuinos votos desde el corazón, y luego practicar acorde a ellos. El Tathāgata Maestro de la Medicina realizó doce grandes votos **que posibilitan a todos los seres sintientes obtener aquello que buscan.**

Comparada con la del Buda Śākyamuni, nuestra práctica es relativamente fácil. El Buda Śākyamuni cultivó durante tres grandes asaṃkhyeyas de eones antes de convertirse en Buda. Un asaṃkhyeya es un número imposible de contar. El Buda Maestro de la Medicina también practicó el camino del Bodhisattva por muchos asaṃkhyeyas de eones antes de realizar la Budeidad. Ahora podemos confiar en los votos hechos por los Budas. Nosotros somos los discípulos de los Budas, y ellos nos han legado los Tres tesoros y las Doce divisiones del Canon.

Pero, ¿podemos aceptar este legado de supremos tesoros del Dharma? Si deseamos ser verdaderos discípulos del Buda, entonces este legado es nuestro. Pero si nuestro mérito y virtud son insuficientes y no queremos ser verdaderos hijos de Buda, entonces no podemos heredar tal legado.

Debido a los Doce Grandes Votos del Buda Maestro de la Medicina, los seres sintientes pueden obtener todo aquello que buscan, y rápidamente pueden convertirse en Budas. A través de los votos de los Budas del pasado, nosotros podemos alcanzar una gran realización con tan sólo un pequeño esfuerzo. ¡Deberíamos estar colmados de dicha por haber encontrado este Dharma, avanzando vigorosamente en nuestra práctica!

SUTRA:

Primer gran voto:

"Realizo el voto de que en una próxima vida, cuando obtenga la Anuttarasamyaksaṃbodhi, mi cuerpo irradie una deslumbrante luz que ilumine inconmensurables, incontables e ilimitados mundos. Mi cuerpo estará adornado con las treinta y dos características heroicas y las ochenta características secundarias, y posibilitaré que todos los seres devengan en lo que yo soy".

Segundo gran voto:

"Realizo el voto de que en una próxima vida, cuando obtenga

la Bodhi, mi cuerpo sea tan brillante y claro como el Vaiḍūrya, perfectamente puro, vastamente radiante y majestuoso en mérito y virtud, residiendo en la tranquilidad y adornado con deslumbrantes redes, más brillantes que el sol y la luna. Los seres que yacen en la oscuridad se iluminarán, y tendrán éxito en todos sus emprendimientos".

COMENTARIO:

Antes de alcanzar la iluminación, todo Buda y Bodhisattva realiza infinitos grandes votos para beneficiar y ayudar a los seres vivientes. Al convertirse en un Buda, sus votos se hacen realidad, y como un imán, atraen a los seres vivientes de las diez direcciones. Si los votos del Buda son grandiosos, el poder del imán será también grandioso, y más allá de cuántos seres vivientes haya y de cuán pesados sean sus obstáculos kármicos; serán atraídos por sus votos. Pese a su ignorancia, los seres vivientes llegan a percibir que Él desea ayudarlos, por ello se sienten particularmente cercanos a Él. En lo profundo de sus corazones ellos sienten esta afinidad. En el pasado, el Bodhisattva Rey de la Medicina quemó su cuerpo ofrendando su vida a los Budas. Nosotros por el contrario, ni siquiera toleramos quemarnos un dedo, cuánto menos nuestro cuerpo entero.

Primer gran voto: Realizo el voto de que en una próxima vida,

cuando obtenga la Anuttarasamyaksaṃbodhi –la Inigualable, Insuperable, Apropiada, Ecuánime, y Correcta Iluminación– **mi cuerpo irradie una deslumbrante luz que ilumine inconmensurables, incontables e ilimitados mundos.** Éste es el primer gran voto que realizó el Tathāgata Maestro de la Medicina.

Mi cuerpo estará adornado con las treinta y dos características heroicas y las ochenta características secundarias de un Buda, **y posibilitaré que todos los seres devengan en lo que yo soy.** Beneficiaré a todos los seres sintientes haciendo que posean cuerpos como el mío, con una luz que brille sobre infinidad de mundos. Quisiera no ser el único que llegue a ser un Buda e ilumine a los seres vivientes, deseo que todos los seres vivientes a quienes yo ilumine obtengan cuerpos iguales al mío.

Debido al voto realizado por el Buda Maestro de la Medicina, todo aquél que escuche el Sutra tendrá la oportunidad de conseguir cuerpos como el suyo. No se menosprecien diciendo:

–Preferiría no irradiar una luz deslumbrante. ¿Qué tan bueno puede ser?

–¿Y qué tan bueno puede ser no tener tal luz deslumbrante?

Segundo gran voto: Realizo el voto de que en una próxima vida, cuando obtenga la Bodhi, mi cuerpo sea tan brillante y claro como el Vaiḍūrya, perfectamente puro, vastamente radiante y majestuoso en mérito y virtud, residiendo en la tranquilidad, y adornado con deslumbrantes redes, más brillantes que el sol y la

luna. Cuando llegue a ser un Buda, mi cuerpo será brillante y claro como el Vaiḍūrya, están libre de manchas e impurezas. Su luz será indescriptiblemente brillante, tendrá un aspecto imponente, y sus méritos y virtudes serán tan numerosos que no podrán verse todos a la vez. Mi cuerpo tendrá bienestar, estará libre de enfermedades, y se rodeará de llameantes redes de luz más intensa que la del sol y de la luna. **Los seres que yacen en la oscuridad se iluminarán, y tendrán éxito en todos sus emprendimientos.** Podrán realizar cualquier tarea o profesión que emprendan. ¡Qué considerado es el Buda! Para beneficiar a los seres, no olvida ningún detalle. De hecho, no hay quien nos cuide mejor que el Buda. Él es nuestro amigo y familiar más cercano. **Se iluminarán, y tendrán éxito en todos sus emprendimientos.** Podrán realizar cualquier tarea o profesión que emprendan.

SUTRA:

Tercer gran voto:

"Realizo el voto de que en una próxima vida, cuando obtenga la Bodhi, pueda emplear ilimitada e incalculable sabiduría y habilidad en el uso de los recursos para la enseñanza, haciendo posible que todos los seres sintientes obtengan una inagotable provisión de los materiales necesarios para que no den lugar al menor deseo".

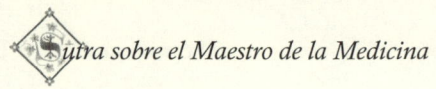

COMENTARIO:

Tercer gran voto. El Buda Maestro de la Medicina realizó este voto en sus vidas pasadas, cuando todavía practicaba como un bhikṣu; no difería de ustedes, de mí, o de otros seres vivientes. Pero Él pudo rápidamente realizar la Budeidad debido a sus grandes votos. Nosotros somos muy egoístas, codiciosos, y peleadores. No queremos realizar grandes votos; por ello no hemos llegado a ser Budas.

"Realizo el voto de que en una próxima vida, cuando obtenga la Bodhi, pueda emplear ilimitada e incalculable sabiduría y habilidad en el uso de los recursos para la enseñanza". El Buda Maestro de la Medicina emplea métodos sabios –no estúpidos– para enseñar y transformar a los seres vivientes. Aunque estos recursos no necesariamente reporten un beneficio propio, ellos benefician a los demás. Los métodos sabios son saludables y concuerdan con el Dharma. Los métodos estúpidos son perjudiciales, y se contraponen al Dharma.

¿Qué se entiende por métodos perjudiciales? El realizar malos actos, y luego interpretarlos como 'oportunos'. Por ejemplo, se puede considerar que matar un mosquito no es muy importante, que no se contrapone al precepto de no matar. Algunos se justifican cuando roban aquello que no les pertenece, diciendo: "Hago esto sólo por conveniencia. ¿Qué diferencia hay si lo usa él o lo uso yo? Somos todos iguales". Sin embargo, robar no está de acuerdo con el Dharma; es un acto pernicioso. En cuanto a la conducta sexual impropia, sabiendo muy bien un hombre que su relación extra-marital trastornará a su esposa, piensa: "¿Por qué tendría que preocuparme por ella? Se dieron las circunstancias, ¡eso es todo!" Él considera que su mal comportamiento sexual es un "recurso hábil". Todas las personas saben cómo justificar su infidelidad. Aun conociendo su error, dicen que no les importa. Se defienden diciendo: "¡no se va a enterar!" También la gente se justifica al mentir y al consumir drogas. "Tomaré sólo un poco de vino para divertirme. ¿Qué hay de malo en ello? ¡No me estoy emborrachando ni nada parecido!"

"¿Por qué debería preocuparme por una pequeña mentira? ¡Ni que fuera a cometer un asesinato! ¡Qué tan grave es lo que estoy haciendo!"

Los métodos pueden ser sabios o estúpidos. El método estúpido es el mal acto considerado por la gente como "perspicaz". El Tathāgata Maestro de la Medicina Luz de Vaiḍūrya emplea métodos sabios. Él utiliza los métodos apropiados para **posibilitar que todos los seres sintientes obtengan una inagotable provisión de los materiales necesarios para que no den lugar al menor deseo.** ¡Cuán generoso es el corazón de Buda! Él otorga todo los que los seres vivientes necesitan, y cumple con todos sus deseos. Aquéllos que codician, ¡aprendan rápidamente a recitar el nombre de este Buda o su Sutra, así podrán satisfacer su codicia!

"Yo sé, dicen ustedes, recitaré el nombre del Buda Maestro de la Medicina con el deseo de ganar unos pocos millones de dólares en los casinos de Reno". Si son sinceros, tal vez el Buda Maestro de la Medicina cumpla con sus deseos. Pero si ustedes vacilan entre la fe y la duda, al Buda no lo podrán engañar.

SUTRA:

Cuarto gran voto:

"Realizo el voto de que en una próxima vida, cuando obtenga la Bodhi, pueda guiar a aquellos seres sintientes que practican en sendas desviadas para que residan en el camino de la Bodhi, y para que quienes transcurren en los vehículos del Śrāvaka (Oidor) o del Pratyekabuddha, puedan residir en el Gran Vehículo".

COMENTARIO:

En el **cuarto gran voto,** el Buda Maestro de la Medicina quiere transformar a los seres desviados en seres decentes, a los seres sumidos en la confusión en iluminados; y a aquéllos que sufren, en seres bendecidos. También desea que los seguidores del Pequeño Vehículo estudien y practiquen el Gran Vehículo, que tomen la determinación de alcanzar la iluminación y realizen la

Budeidad. Por ello dijo: **"Realizo el voto de que en una próxima vida, cuando obtenga la Bodhi,** cuando llegue a ser un Buda y alcance la Iluminación Correcta, Apropiada y Ecuánime, **pueda guiar a aquellos seres sintientes que practican en sendas desviadas para que residan en el camino de la Bodhi"**. Muy pocas personas comprenden correctamente, y muchas tienen comprensiones desviadas. Si ustedes exponen el Correcto Dharma, muy pocos podrán comprenderlo, aceptarlo y practicarlo. Por otra parte, quienes enseñan teorías heterodoxas, dharmas esotéricos o dharmas de "vía rápida", tendrán discípulos ansiosos por aprender, guiados por las visiones desviadas que llevan profundamente arraigadas.

En los "senderos desviados" se incluye a quienes hechizan o envenenan a otras personas con encantamientos o con insectos venenosos, a quienes consultan oráculos, o a aquéllos que se comunican con espíritus a través de intermediarios (mediums). Tales dharmas son muy populares. Si ustedes enseñan correctamente un Sutra, la gente lo encontrará aburrido y poco interesante. Pero si hacen profecías desviadas, tales como "Un desastre está por ocurrirle. Si quiere salvarse, ¡es mejor que haga lo que yo le digo!", entonces la gente escucha.

Pese a que ellos practican en sendas desviadas, el Buda Maestro de la Medicina utiliza medios oportunos para ayudarlos a despertar de la confusión, y para que obtengan puntos de vista apropiados, "pudiendo así residir en el Camino de la Bodhi". Residir allí significa renunciar a las enseñanzas desviadas, desarrollar sabiduría, poner un fin al nacimiento y a la muerte, y permanecer en la iluminación. La gente sabia practica el Correcto Dharma, mientras que la gente estúpida transita por los estrechos senderos externos. Residir en el Camino de la Bodhi significa abandonar las sectas externas al Camino, y dirigirse hacia el genuino Budismo.

Y a aquéllos que viajan en los vehículos del Śrāvaka (Oidor) o del Pratyekabuddha. Los Oidores cultivan el Dharma de las Cuatro Nobles Verdades, que son: sufrimiento, acumulación, cesación, y el Camino. Los Pratyekabuddhas (también conocidos como Aquéllos Iluminados por las Condiciones), cultivan las Doce Causas Condicionadas, las cuales son:

1. La ignorancia, es la condición que ocasiona
2. la actividad, condición que ocasiona
3. la conciencia, condición que ocasiona
4. el nombre y la forma, condición que ocasiona
5. las seis entradas, condiciones que ocasionan
6. el contacto, condición que ocasiona
7. el sentimiento, condición que ocasiona
8. el anhelo, condición que ocasiona
9. el apego, condición que ocasiona

10. el devenir (el llegar a ser), condición que ocasiona
11. el nacimiento, condición que ocasiona
12. el envejecimiento y la muerte.

Las Doce Causas Condicionadas describen el proceso mediante el cual todos los seres vivientes vienen y se van de la existencia. Es dicho: "todas las actividades son impermanentes, y están sujetas a la producción y extinción. Cuando la producción y extinción se acaban, aquella extinción quieta es una bendición". Aquél que comprenda las Doce Causas Condicionadas podrá despertar de la confusión y cultivará las Seis Perfecciones del Gran vehículo.

Las doce causas condicionadas

Nacimos de la ignorancia. La ignorancia es la raíz del nacimiento y la muerte, la fuente de todo problema y aflicción. La meta de nuestra práctica es destruir la ignorancia. La ignorancia nos confunde a fin de que vivamos como ebrios o en un sueño, manejados por el deseo de riqueza, sexo, fama, comida y sueño.

La ignorancia nos causa muchos problemas. Una vez que hay

ignorancia, ésta se manifiesta en actividad. Actuamos sin comprensión, y luego nos apegamos a las apariencias. Cuando surge el discriminar de la conciencia, aparecen las marcas del yo, de los otros, de los seres vivientes y de la extensión de vida. La actividad y la conciencia dan origen al nombre y forma, designaciones que utilizamos para hablar acerca de las cosas. Luego el cuerpo entero deviene, y con él las seis entradas (ojos, oídos, nariz, lengua, cuerpo y mente). Las seis entradas conducen al contacto con el ambiente exterior, y ese contacto ocasiona el sentimiento. Distinguimos entre sensaciones buenas y malas, tratando de evitar las sensaciones displacenteras, mientras nos apegamos a aquellas placenteras. De ese modo, los sentimientos conducen al anhelo. Al apegarnos al objeto que deseamos, se produce el devenir (el llegar a ser), luego el nacimiento a una siguiente vida, y luego el envejecimiento y la muerte, así una y otra vez. Las Doce Causas Condicionadas describen el círculo sin fin de nacimiento que sufren todos los seres vivientes.

Los Pratyekabuddhas saben que este ciclo produce mucho sufrimiento, por ello practican el Camino para liberarse a sí mismos del nacimiento y muerte. Cuando lo logran, alcanzan la realización y se convierten en Pratyekabuddhas o en Iluminados en Soledad, formando parte de los Dos vehículos.

Los Dos vehículos están conformados por los Śrāvakas y por Aquéllos Iluminados por las Condiciones. Se utiliza el término "vehículo" para designar a un tipo de practicantes. La práctica de los Dos Vehículos no es la suprema, porque ellos sólo terminan con el nacimiento y muerte físicos, pero no con el nacimiento y muerte de los pensamientos. Es por ello que el Buda Maestro de la Medicina realizó el voto de conducir a los practicantes del Pequeño Vehículo **hacia el Gran Vehículo,** tomando la determinación de realizar la insuperable iluminación de los Budas.

SUTRA:

Quinto gran voto:

"Realizo el voto de que en una próxima vida, cuando obtenga la Bodhi, permita que los ilimitados e infinitos seres sintientes que cultivan la conducta de Brahma (pura) dentro de mi Dharma, sostengan impecablemente los preceptos, completando los tres grupos de preceptos sin excepción. En el caso de que se quebrara algún precepto, al oír mi nombre ellos recuperarán su pureza, y no caerán en los destinos nefastos".

COMENTARIO:

A muchos de nosotros el nombre del Tathāgata Maestro de la Medicina Luz de Vaiḍūrya nos ha salvado de caer en los tres destinos nefastos. De no haber existido el nombre de este Buda en el mundo, todos nosotros podríamos habernos convertido en seres infernales, en fantasmas hambrientos, o en animales mucho tiempo atrás; llegando a ser muy difícil para nosotros volver a tener la forma humana. Pero debido a los votos del Buda Maestro de la Medicina, si oyen su nombre con sus miríadas de virtudes, incluso aquéllos que han cometido los Diez malos actos, o que han quebrado los preceptos o las reglas del comer puro, obtendrán bendiciones y se liberarán de las ofensas, del sufrimiento, y del nacimiento y la muerte.

El Buda Maestro de la Medicina sabe que el karma de la mayoría de los seres vivientes es una mezcla de bien y de mal, dado que no mantienen los preceptos. Es como un charco en el cual se mezclan el barro y el agua –el agua representa la sabiduría, y el barro a la ignorancia–. Al mantener los preceptos, uno puede retornar al origen y descubrir la propia sabiduría inherente. Al no mantener los preceptos, el agua clara de la sabiduría se enturbia con el lodo de la ignorancia. Pero no es tan fácil mantener los preceptos.

Sabiendo que los seres vivientes tienen muchos malos hábitos y faltas y que son propensos a cometer errores, el Buda Maestro de la Medicina realizó este quinto gran voto: "**Realizo el voto de que en una próxima vida, cuando obtenga la Bodhi** –cuando me convierta en Buda–, **permita que los ilimitados e infinitos seres**

sintientes, incluyendo a ustedes y a mí, que cultivan la conducta de Brahma (pura) dentro de mi Dharma, sostengan impecablemente los preceptos, completando los tres grupos de preceptos sin excepción". La conducta de Brahma es la conducta pura, la estricta observación de los preceptos. El Buda Maestro de la Medicina realizó el voto de que todo aquél que practique el Buddhadharma sea capaz de sostener los preceptos puros. El sostener puramente los preceptos se homologa a una luna perfectamente redonda, a la luna llena.

Los Tres Grupos de Preceptos Puros:

1. Los preceptos que reúnen a los seres vivientes.
2. Los preceptos que constan de dharmas benéficos.
3. Los preceptos que constan de las reglas de disciplina y conducta.

Dado que para las personas no es fácil sostener los preceptos, el Buda Maestro de la Medicina realizó el siguiente voto: **En el caso de que se quebrara algún precepto, al oír mi nombre ellos recuperarán su pureza.** En el caso de infringir los preceptos, aquél que escuche mi nombre de Buda, retornará al origen **y no caerá en los destinos nefastos.** Uno no caerá en los infiernos, en el reino de los fantasmas hambrientos ni en el reino animal.

En los "tres grupos de preceptos puros", cada grupo es una

colección de muchos preceptos. Así como existen los "trecientos rituales y los tres mil modos de comportamiento imponente" (frase citada en el libro clásico chino "El Rito", en un capítulo que habla acerca de los modales. El Maestro lo menciona aquí para que aquéllos que dejaron la vida de hogar sepan que tienen mucho que aprender acerca de los modales y comportamientos), los preceptos que abarcan las reglas de disciplina y conducta incluyen también una gran colección de reglas.

Los dharmas beneficiosos aluden a los innumerables varios tipos de dharmas. Los preceptos que constan de dharmas benéficos nos instan a "no realizar lo malo y a practicar todo aquello que es bueno". Los preceptos que reúnen a los seres vivientes incluyen a todos los seres vivientes, el deseo es llevar a todos los seres vivientes hacia la budeidad. Los tres grupos de preceptos son muy numerosos, y por ello no es fácil practicarlos. ¿Qué debemos hacer si los transgredimos por accidente? El voto del Buda Maestro de la Medicina dice: "Si los seres sintientes transgreden los preceptos, luego de oír mi nombre alcanzarán la pureza y no caerán en los destinos nefastos". Reflexionando acerca de ello, el Buda Maestro de la Medicina realiza esfuerzos para reunir a los seres vivientes. ¿No deberíamos reconocer su compasión? ¿No deberíamos cultivar seriamente los preceptos en lugar de seguir dependiendo de su ayuda? No piensen: "El Buda Maestro de la Medicina ha realizado el voto de salvarme aun si quiebro los preceptos, por ello no tengo motivos para preocuparme". Si quebramos un precepto de modo no intencional, Él nos ayudará a recobrar nuestra pureza. Pero por otra parte, no podemos infringir los preceptos intencionalmente, pensando que el Buda vendrá a salvarnos.

Sutra:

Sexto gran voto:

"Realizo el voto de que en una próxima vida, cuando obtenga la Bodhi, los seres sintientes con cuerpos inferiores y facultades imperfectas, feos, ineptos, ciegos, sordos, mudos, deformes, paralíticos, jorobados, o afectados por enfermedades cutáneas, demencia u otra clase de enfermedades y sufrimientos, al oír mi nombre estén todos dotados con rasgos íntegros, inteligencia aguda y facultades perfectas; y se liberen de toda enfermedad y sufrimiento".

Comentario:

El sexto gran voto dice: **"Realizo el voto de que en una próxima vida..."**

Hay quienes no creen en vidas futuras. De no haber vidas futuras, uno podría cometer asesinatos y hacer lo que le plazca.

Pero como hay vidas futuras y consecuencias para todo lo que uno hace, uno no puede comportarse mal y hacer lo que le plazca. Podrían preguntarse: "¿Por qué yo no sé nada acerca de mis vidas pasadas o futuras?" Bueno, mientras duermen, ¿saben lo que sucede cuando están despiertos? No. Del mismo modo, en esta vida ustedes olvidaron los eventos ocurridos en sus vidas pasadas. Por eso el Buda dice: "Si desean saber lo que hicieron en sus vidas pasadas, presten atención a lo que ahora experimentan. Si desean saber cómo serán sus vidas futuras, presten atención a lo que están haciendo ahora". El karma que crean en esta vida madurará indefectiblemente en el futuro.

Ya que el Buda conocía esta realidad, realizó este voto: En una próxima vida, **cuando obtenga la Bodhi**, cuando yo alcance la Insuperable, Apropiada, Ecuánime y Correcta Iluminación, **los seres sintientes con cuerpos inferiores,** cuyos rasgos son deformes... Tal vez sus ojos, orejas y nariz estén extremadamente juntos, o sus bocas se ubiquen donde deberían estar sus orejas. Ustedes dicen: "Jamás he visto algo así". ¿No? Bueno, ¡tampoco intenten llegar a ser así! Hay muchas personas que nacen pareciéndose a perros, gatos, ratones, osos, caballos, ciervos y demás. Tienen un aspecto espantoso.

Y facultades imperfectas. Puede ser que tengan sólo un ojo, una oreja o una nariz. Algunas de sus facciones puede estar mutilada o deformada. Tal vez algunos de sus miembros o algunas de sus facultades no funcionen normalmente, y aunque estando en el lugar apropiado, no cumplan ninguna función.

El texto detalla acerca de los seres "con cuerpos inferiores y de facultades imperfectas". Los describe como **feos,** de apariencia desagradable, o **ineptos,** no inteligentes o muy lentos. Si tratan de enseñarles que dos más dos son cuatro, dirán: "Uno más dos son tres, ¿cómo hicieron para obtener cuatro?" Los **ciegos** tienen ojos, pero no pueden ver. Los **sordos** tienen orejas, pero no pueden oír. Cuando los **mudos** tratan de hablar, sus voces quedan abajo en sus gargantas, y no son más fuertes que las de un mosquito, básicamente son incapaces de hablar. ¡Qué miserable es ser ciego, sordo o mudo! Sufren tales retribuciones porque en el pasado dudaron del Dharma, y no querían escucharlo. Por haber estado frente al Buda sin haberlo reconocido, quedaron ciegos. Los que no querían oír cuando se les trataba de explicar el Dharma, quedaron sordos. Aquéllos que con obstinación rechazaron estudiar el Dharma, quedaron mudos.

Deformes, paralíticos, jorobados. Las personas con miembros o articulaciones deformes se ven imposibilitadas para extenderlos. La deformidad de los jorobados asemeja a la giba de un camello o a la base redonda de una olla china adherida a sus espaldas.

O afectados por enfermedades cutáneas. Las enfermedades de la piel desfiguran a la gente de varias formas, tal vez cubriendo sus rostros con manchas de diferentes colores. Entre los **dementes** se incluye a los niños severamente injuriados; a las personas que muerden sus propios cuerpos; o a quienes intentan comer sus propios dedos. La retribución de las enfermedades cutáneas, de la demencia **o de otras clases de enfermedades y sufrimientos** se debe a haber calumniado los Sutras del Mahāyana, por ejemplo, el Sutra Sūrāṅgama, o también se debe a que en el pasado han desacreditado las enseñanzas del Buda.

Al oír mi nombre, "Tathāgata Maestro de la Medicina Luz de Vaiḍūrya", **estén todos dotados con rasgos íntegros, inteligencia aguda y facultades perfectas, y se liberen de toda enfermedad y sufrimiento.** Los feos e ineptos llegarán a ser atractivos e inteligentes, y sus ojos, oídos, narices, lenguas, cuerpos y mentes funcionarán a pleno. Todas las enfermedades y dolores habrán desaparecido, aunque no hayan recibido un tratamiento, ni consultado a un médico. ¿No es esto maravilloso? Todo lo hay que hacer es oír el nombre del Buda Maestro de la Medicina. ¿Ven cuánto puede ayudarnos este Buda? Él quiere evitarnos el sufrimiento de nuestras retribuciones kármicas y desea concedernos aquello que deseamos, quiere hacernos verdaderamente felices.

Sutra:

Séptimo gran voto:

"Realizo el voto de que en una próxima vida, cuando obtenga la Bodhi, permita que los seres sintientes oprimidos por numerosas enfermedades y que se encuentren sin ayuda ninguna, sin un lugar donde acudir, sin médico ni medicinas, sin parientes ni familia; que estén azotados por la pobreza y colmados de sufrimiento; sean curados de sus enfermedades cuando mi nombre llegue a sus oídos, y obtengan paz y felicidad de cuerpo y mente. Tendrán una familia y parientes, adquirirán propiedades y riquezas en abundancia, e incluso realizarán la inigualable Bodhi".

Comentario:

Muchos de los que recién llegan no saben quién es el Tathāgata Maestro de la Medicina Luz de Vaiḍūrya, les contaré un poco más acerca de este Buda. Él es el gran Rey de los médicos que cura a la gente sin utilizar medicinas. Con sólo oír su nombre, las enfermedades de los seres vivientes serán curadas.

Los médicos chinos utilizan los métodos de ver, escuchar,

preguntar y tomar el pulso para diagnosticar el estado de sus pacientes. Se clasifica a los médicos como "maravillosos", "prodigiosos", "hábiles" o "inteligentes". Los "maravillosos" son los mejores, en tanto que los "prodigiosos" no son tan buenos. Los "hábiles" son aquéllos que recurren a alguna habilidad y esfuerzo antes de conocer la condición del paciente. Los "inteligentes" conocen a través del ingenio. En general, el "maravilloso" sabe por observar, el "prodigioso" por escuchar, el "habilidoso" por preguntar, y el "inteligente" por tomar el pulso. Los médicos comunes deben utilizar estos cuatro métodos para diagnosticar las enfermedades.

Sin embargo, el Buda Maestro de la Medicina no utiliza estos métodos. Él puede curar en la medida en que la gente recite su nombre con sinceridad. Éste es el modo especial en que Él ayuda a las personas. Ese tan imponente poder espiritual proviene del siguiente séptimo gran voto: **"Realizo el voto de que en una próxima vida, cuando obtenga la Bodhi, los seres sintientes oprimidos por numerosas enfermedades y que se encuentren sin ayuda ninguna, sin un lugar donde acudir, sin médico ni medicinas, sin parientes ni familia; que estén azotados por la pobreza y colmados de sufrimiento".** No hay nadie que los ayude, y carecen de un lugar seguro donde refugiarse. Estar enfermo es el mayor de los sufrimientos. Son pobres, están solos y asediados por las dificultades.

Sean curados de sus enfermedades cuando mi nombre llegue a sus oídos. Al oír mi nombre, "Buda Maestro de la Medicina que Erradica las Calamidades y Prolonga la Vida", podrán ser curados de toda enfermedad sin recibir ninguna medicación, y sin realizar estudios como radiografías o tomografías computadas. Él no utiliza electroterapia, acupuntura, ni ningún otro tratamiento o cirugía. Sin embargo, con este pasaje no está queriendo significar que los médicos están fuera de servicio, ¡los médicos no deben preocuparse!

...Y obtengan paz y felicidad de cuerpo y mente. Tendrán una familia y parientes, y adquirirán propiedades y riquezas en abundancia. Recobrarán por completo la salud física y mental; no estarán solos en el mundo ni serán pobres.

E incluso realizarán la inigualable Bodhi. Todos los seres vivientes tienen la naturaleza de Buda y pueden transformarse en Budas. El Buda nunca dijo: "Sólo yo puedo convertirme en Buda y nadie más puede lograrlo"; el Budismo es muy democrático. El Buda es exactamente igual a nosotros, la excepción es que tiene una gran sabiduría. Por ello, no actúa ni habla bajo confusión. Nosotros estudiamos las enseñanzas de Buda para aprender a vivir en armonía, para ser buenas personas, y finalmente, llegar a ser sabios Budas. Pero si no tenemos un buen comportamiento, nunca llegaremos a ser sabios.

Sutra:

Octavo gran voto:

"Realizo el voto de que en una próxima vida, cuando obtenga la Bodhi, si hay mujeres que tienen una profunda aversión por sus cuerpos femeninos y desean abandonarlos por verse oprimidas y afectadas por la miríada de sufrimientos de ser mujer; al oír mi nombre, ellas puedan transformarse en hombres plenos de rasgos masculinos, y finalmente alcancen la inigualable Bodhi".

Comentario:

¿Por qué desearían las mujeres ser hombres? No mal interpreten pensando que el Budismo considera malo el ser mujer. En América, algunos miembros del Movimiento de Liberación Femenina han acusado al Buda Amitābha de ser un macho chovinista, porque en su Tierra de Suprema Felicidad "sólo hay hombres". En realidad, el Buda Amitābha no distingue entre "hombre" o "mujer". ¿Por qué no hay mujeres en su Tierra de Buda? Porque es una Tierra Pura, y el cuerpo de las mujeres no es tan puro, por ejemplo, cuando tiene los ciclos menstruales.

Hay quienes prefieren no ser mujeres, no desean padecer la miríada de sufrimientos de ser mujer. La miríada de sufrimientos son los muchos molestos dolores y enfermedades que normalmente afectan a las mujeres. Sus cuerpos periódicamente se ensucian, y durante ese lapso, mucho no pueden hacer. Cuando la mujer tiene su período menstrual usualmente no está de buen humor. Algunas mujeres experimentan un gran dolor justo antes o después de sus períodos. Otras pueden tener períodos irregulares, que sangran sin parar, y en otros casos, pueden siempre faltarle sus períodos. Estos problemas hacen muy incómodo al cuerpo de una mujer, por ello algunos practicantes prefieren ser hombres.

Más aún, el deseo sexual entre hombres y mujeres puede ser muy fuerte. En estos días y en esta era, hay problemas extraños de toda clase. Los demonios y fantasmas toman ventaja de la lujuria existente entre el hombre y la mujer causando problemas, particularmente en lo relativo a la homosexualidad.

En el **octavo gran voto,** dice el Buda Maestro de la Medicina: **"Realizo el voto de que en una próxima vida, cuando obtenga la Bodhi,** cuando llegue a ser un Buda, **si hay mujeres que tienen una profunda aversión por sus cuerpos femeninos y desean abandonarlos por verse oprimidas y afectadas por la miríada de sufrimientos de ser mujer** –si desean con desesperación renunciar a sus cuerpos de mujer–; **al oír mi nombre, ellas puedan transformarse en hombres plenos de rasgos masculinos, y finalmente alcancen la inigualable Bodhi".** Se transformarán justamente en hombres, y con el tiempo alcanzarán el supremo fruto de la Budeidad.

SUTRA:

Noveno gran voto:

"Realizo el voto de que en una próxima vida, cuando obtenga la Bodhi, pueda liberar a los seres sintientes de las redes de los demonios y de los lazos de las sectas externas al Camino. Si han caído en el denso bosque de los puntos de vista perversos, los guiaré para que tengan puntos de vista apropiados, y para que puedan cultivar gradualmente las prácticas de los Bodhisattvas. De este modo, ellos lograrán rápidamente la Inigualable, Correcta y Ecuánime Bodhi".

COMENTARIO:

El noveno gran voto se ocupa de destruir las redes de los demonios y de obtener la liberación de los densos bosques de los puntos de vista perversos de los externalistas. El Buda Maestro de la Medicina dijo: **"Realizo el voto de que en una próxima vida, cuando obtenga la Bodhi, pueda liberar a los seres sintientes de las redes de los demonios"**. Como personas, en este momento estamos en proximidad a los demonios y alejados de los Budas. Aquél que desea ser un demonio puede serlo a todo momento. Quien desea llegar a ser un Buda debe abrirse camino a través del denso bosque de los puntos de vista perversos. Debemos derribar los puntos de vista desviados y cultivar constantemente los puntos de vista apropiados antes de poder escapar de las redes demoníacas. Como estas redes son muy duras, es difícil romperlas, y fácilmente formamos parte del séquito de los demonios y de los asuras. Aquél que siempre se enoja o que actúa con estupidez, yace en las redes demoníacas.

Cuando un pescador atrapa un gran pez, piensa: "¡Qué pez grande he conseguido para la cena de hoy!" Cuando un demonio atrapa a una persona en su red, éste piensa: "¡Magnífico!, una persona más para mi séquito". ¿Cómo podemos escapar de las redes de los demonios? Es muy simple, sólo hay que evitar enojarse y actuar con estupidez. Los demonios utilizan sus trucos para inducir a que la gente crea en puntos de vista erróneos, y es muy difícil liberarse de éstos. No obstante, si nosotros confiamos en el poder de los votos del Buda Maestro de la Medicina, será muy fácil escapar de las redes de los demonios.

Y de los lazos de las sectas externas al Camino. Las sectas externas al Camino siguen a los demonios celestiales. Utilizan diversos métodos para controlar a las personas, haciéndolas jurar incluso que si desobedecen, serán alcanzadas por un rayo, o sufrirán alguna otra clase de calamidades. Así es que los adherentes a las sectas externas temen demostrar cualquier tipo de oposición, aun sabiendo que sus creencias son erróneas. Carecen de libertad y no pueden escapar.

Si han caído en los densos bosques de los puntos de vista

perversos. Hay toda clase de conocimiento y de puntos de vista desviados, tan densos como un bosque, que controlan por completo la mente de las personas. El Budismo, sin embargo, no intenta controlar a las personas. Cierta vez, ante la presencia del Cardenal Católico-romano de Taiwan, Paul Yubin, declaré a un grupo de budistas: "Si ustedes piensan que el Budismo es una creencia pasada de moda y desean encontrar una religión de última moda, aquí tienen la oportunidad para cambiar de fe; el Budismo no es una prisión. La gente es libre de elegir la religión que quiera". Entonces me dirigí al Cardenal Yubin para preguntarle: "¿Se atrevería a decir lo mismo delante de sus seguidores?" Él no pudo hacerlo, porque su religión aún quiere controlar a la gente. Aquéllos que abandonan la religión se consideran grandes ofensores. Con el "denso bosque de los puntos de vista perversos" se está refiriendo a los puntos de vista que no pueden exponerse abiertamente ni pueden discutirse en público.

El Buda Maestro de la Medicina dice: "Si encuentro a aquéllos con visiones desviadas, **los guiaré para que tengan puntos de vista apropiados y para que cultiven gradualmente las prácticas de los Bodhisattvas.** Deseo explicarles los puntos de vista apropiados y enseñarles a cultivar las Seis Perfecciones y la miríada de prácticas de los Bodhisattvas, **de este modo ellos lograrán rápidamente la Inigualable, Correcta y Ecuánime Bodhi".**

SUTRA:

Décimo gran voto:

"Realizo el voto de que en una próxima vida, cuando obtenga la Bodhi, pueda lograr que los seres sintientes que hayan caído en manos de la ley y estén presos, o sean interrogados, flagelados, puestos en grilletes, o sean sentenciados para ser ejecutados, o que sean víctimas de desastres interminables, de dificultades, abusos y humillaciones; así desgarrados por la tristeza y la aflicción, sufriendo en cuerpo y mente; al oír mi nombre obtengan la liberación de toda preocupación y sufrimiento a través de mis bendiciones, virtud e imponente poder espiritual".

COMENTARIO:

Décimo gran voto:

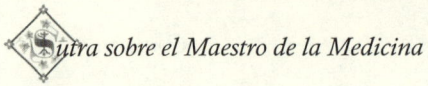

"Realizo el voto de que en una próxima vida, cuando obtenga la Bodhi, pueda lograr que los seres sintientes que hayan caído en manos de la ley y estén presos, o sean interrogados, flagelados, puestos en grilletes, o sean sentenciados para ser ejecutados, o que sean víctimas de desastres interminables, de dificultades, abusos y humillaciones; así desgarrados por la tristeza y la aflicción, sufriendo en cuerpo y mente..." Hay quienes pueden ser arrestados bajo cargos falsos o por infringir la ley accidentalmente, y terminan en prisión. Se los interroga, y más tarde sus propios testimonios son utilizados para incriminarlos. Son azotados, golpeados y atados de pies y manos; pierden su libertad y son apartados del mundo exterior. Con dolor físico y mental, sienten como si los estuvieran cocinando vivos. Tal vez sean sentenciados a muerte porque el gobierno desea utilizarlos como ejemplo –tal vez mueran decapitados, fusilados o electrocutados–.

...al oír mi nombre obtengan la liberación de toda preocupación y sufrimiento a través de mis bendiciones, virtud e imponente poder espiritual.

El Buda Maestro de la Medicina realizó el voto siguiente: "Si tales personas oyen mi nombre de Buda, mediante las bendiciones y virtud que he cultivado en vidas pasadas, ellos serán salvados de todo desastre y dificultad, y obtendrán bienaventuranza".

SUTRA:

Undécimo gran voto:

"Realizo el voto de que en una próxima vida, cuando obtenga la Bodhi, posibilite que todos los seres sintientes consumidos por el hambre y la sed, que tras la búsqueda de comida estén creando toda clase de mal karma; al oír mi nombre, puedan aceptarlo y mantenerlo con la mente concentrada, obteniendo así deliciosos alimentos y bebidas. Luego, mediante el sabor del Dharma, se establezcan en la suprema paz y felicidad".

Comentario:

Undécimo gran voto: "Realizo el voto de que en una próxima vida, cuando obtenga la Bodhi, posibilite que todos los seres sintientes consumidos por el hambre y la sed...", cualquiera de los dos, porque no tienen comida ni bebida, o porque están incapacitados para comer o beber lo que tienen. **"...Estén creando toda clase de mal karma tras la búsqueda de comida".** Su hambre puede conducirlos a robar y matar para obtener comida y bebida.

El Buda Maestro de la Medicina realizó el siguiente voto: **"... al oír mi nombre, puedan aceptarlo y mantenerlo con la mente concentrada".** Si mantienen mi nombre en sus mentes, haré que **obtengan deliciosos alimentos y bebidas.** Haré que aparecezca toda clase de deliciosa comida para que coman hasta la saciedad, **y luego, mediante el sabor del Dharma, se establezcan en la suprema paz y felicidad.** Entonces les explicaré el Dharma para que prueben su maravilloso y supremo sabor, alcanzando perfecta paz y felicidad.

Sutra:

Duodécimo gran voto:

"Realizo el voto de que en una próxima vida, cuando obtenga

la Bodhi, posibilite que todos los seres sintientes que, sumidos en la pobreza carecen de ropas, y por ello día y noche los perturban insectos tales como moscas y mosquitos, sufriendo el frío y el calor; al oír mi nombre, puedan aceptarlo y mantenerlo con la mente concentrada, obteniendo así toda clase de finas y maravillosas ropas acordes a sus preferencias, como así también una gran variedad de preciosos adornos, de guirnaldas florales, de bálsamos fragantes y del deleite de la música y de diversas clases de talentos. De ese modo todos los deseos de sus corazones serán completamente realizados".

COMENTARIO:

En el pasado, el Buda Maestro de la Medicina debió haber conocido la pobreza y las dificultades, por ello realizó los votos de salvar a todo ser viviente de tales sufrimientos. En el duodécimo gran voto dice: **"Realizo el voto de que en una próxima vida, cuando obtenga la Bodhi, si hay seres sintientes** de cualquier nacionalidad o etnia, **que sumidos en la pobreza carecen de ropas".** El anterior voto era salvar a los seres que carecen de comida, pero este voto se dirige a los seres que no poseen comida ni ropa, **y por ello día y noche los perturban insectos tales como moscas y mosquitos,** insectos que pican y punzan; **sufriendo el frío y el calor.** Careciendo de vestimenta, ellos sufren día y noche por el frío y el calor. **Al oír mi nombre**, el que tendré como un

Buda, **puedan aceptarlo y mantenerlo con la mente concentrada en él.** Ésto es lo principal –ustedes deben recitar el nombre con concentración, todo el día con la mente concentrada en él, pensamiento tras pensamiento–.

Obteniendo toda clase de finas y maravillosas ropas acordes a sus preferencias. Obtendrán las ropas más maravillosas, exactamente las que les gustan, **como así también una gran variedad de adornos preciosos** realizados con los siete tesoros –oro, plata, vaiḍūrya, cristal, madreperla, perla roja y ágata–. Obtendrán aquello que deseen, por ejemplo, **guirnaldas florales** realizadas con los siete tesoros, costosos **bálsamos fragantes** para ofrendarlos a los Budas, **y el deleite de la música y de diversas clases de talentos. De ese modo todos los deseos de sus corazones serán completamente realizados.** Obtendrán todos estos materiales para entretenerse.

SUTRA:

"Mañjuśrī, éstos son los doce sublimes y maravillosos votos que el Honrado por el Mundo, Tathāgata Maestro de la Medicina Luz de Vaiḍūrya, Aquél de Iluminación Correcta y Ecuánime, realizó mientras cultivaba el camino del Bodhisattva".

Comentario:

El Buda Śākyamuni se dirigió a **Mañjuśrī,** el más sabio de los Bodhisattvas, cuyo nombre significa "Maravillosamente Auspicioso" (su Bodhimandala está en la montaña Wutai en China, que yace cubierta de nieve todo el año). Es probable que haya elegido esa montaña para cultivar en lugares fríos. El Buda Śākyamuni llamó al sabio Bodhisattva Mañjuśrī, porque sólo una persona de gran sabiduría puede comprender los grandes votos del Tathāgata Maestro de la Medicina Luz de Vaiḍūrya.

Éstos son los doce sublimes y maravillosos votos que el Honrado por el Mundo, Tathāgata Maestro de la Medicina Luz de Vaiḍūrya, Aquél de Iluminación Correcta y Ecuánime, realizó mientras cultivaba el camino del Bodhisattva. "Honrado por el Mundo" y "De Correcta y Ecuánime Iluminación" son dos de los diez títulos de los Budas. Aunque no sean abundantes, los doce votos resuelven los problemas de todo ser viviente, tanto si sufren o están felices, si son sabios o ignorantes. Los votos son denominados "sublimes" porque son extremadamente importantes y permiten rescatar a todos los seres.

Sutra:

"Más aún, Mañjuśrī, si hablara durante un eón o más acerca de los votos realizados por el Honrado por el Mundo, Tathāgata Maestro de la Medicina Luz de Vaiḍūrya, mientras practicaba el camino del Bodhisattva; y además sobre el mérito, virtud y adornos de su Tierra de Buda, no podría terminar".

COMENTARIO:

Más aún, Mañjuśrī, continúa el Buda Śākyamuni. **Si hablara durante un eón o más acerca de los votos realizados por el Honrado por el Mundo, Tathāgata Maestro de la Medicina Luz de Vaiḍūrya, mientras practicaba el camino del Bodhisattva; y además sobre el mérito, virtud y adornos de su Tierra de Buda,** la tierra Vaiḍūrya en el Este, **no podría terminar**. Aun si hablara continuamente durante un gran eón o más, no podría finalizar.

SUTRA:

"Esa Tierra de Buda ha sido siempre completamente pura; en ella no hay mujeres, destinos nefastos ni sonidos de sufrimiento. La tierra está hecha de *vaiḍūrya*, con cuerdas de oro que delinean los caminos. Las paredes de la ciudad, torres, pabellones del Palacio, estudios, ventanas y enrejados están todos hechos de los siete tesoros. El mérito, virtud y adornos de esta tierra son idénticos a aquellos de la Tierra de la Suprema Felicidad de Occidente".

Comentario:

Esa Tierra de Buda ha sido siempre completamente pura. Siempre pura, limpia e inmaculada, brillante y clara como el Vaiḍūrya. **No hay mujeres** en la Tierra de Vaiḍūrya. Algunas activistas de los Derechos de la Mujer objetan al Buda Amitābha de la Tierra de la Suprema Felicidad de Occidente: "¿Por qué no hay mujeres en aquella tierra? ¿Es porque el Buda Amitābha menosprecia a las mujeres y tiene predilección por los hombres?" De ningún modo. Debemos considerar que el mundo Sahā está colmado de toda clase de males y sufrimientos a causa de la lujuria de hombres y mujeres. Nada hay en este mundo que sea de valor, todo es impuro.

El mundo Sahā es conocido como el "Mundo de las Cinco Turbiedades". Esta época es muy impura –es la **turbiedad del eón**–. Los objetos que ven nuestros ojos también son impuros –es la **turbiedad de los puntos de vista**–. Todos tenemos una increíble cantidad de aflicciones –es la **turbiedad de las aflicciones**–. Todos los seres vivientes nacen del deseo y se diferencian en masculinos y femeninos –es la **turbiedad de los seres vivientes**–. No solamente los seres humanos, todos los seres con sangre y respiración nacen del deseo sexual y mueren por el deseo sexual. Incluso los gérmenes vienen imperceptiblemente a la existencia debido al deseo sexual. Mientras uno tenga deseo sexual será impuro. La **turbiedad de la vida** surge en el mundo Sahā porque sus seres viven en un entorno extremadamente sucio. Aquello que vemos, oímos, olemos, degustamos, tocamos y pensamos, es todo impuro. A todo esto se lo conoce como el Mundo maligno de las Cinco Turbiedades.

En oposición a nuestro mundo sucio y contaminado, en los cielos no hay suciedad. Tampoco hay impurezas en la Tierra de la Suprema Felicidad de Occidente, donde el suelo está cubierto de oro; ni en la Tierra Oriental de Vaiḍūrya, cuyo suelo está hecho de vaiḍūrya.

En la Tierra de la Suprema Felicidad las personas nacen por transformación a partir de los votos del Buda Amitābha, y están libres de deseo. Los votos del Buda Maestro de la Medicina crearon la Tierra de Vaiḍūrya. Las Tierras de Buda están completamente libres de deseo, y los nacimientos se producen por transformación, no son producidos por reproducción sexual. Por eso allí no hay mujeres.

No hay **destinos nefastos ni sonidos de sufrimiento**. Los infiernos, los fantasmas hambrientos y animales no existen en la Tierra de Vaiḍūrya. Allí no hay gemidos de dolor, de tristeza ni de angustia.

La tierra está hecha de Vaiḍūrya, con cuerdas de oro que delinean los caminos. Esta Tierra se denomina Vaiḍūrya debido a que su suelo está hecho de vaiḍūrya. Las cuerdas y rejas de oro se utilizan para demarcar los lados de los caminos.

Las paredes de la ciudad ocultan el foso de la misma. Las **torres** de vigilancia de la ciudad tienen una vista panorámica, y se sitúan o bien por encima del portón de entrada, o sobre las entradas ubicadas en las murallas de la ciudad. Los **pabellones** son edificios de dos pisos que yacen dentro del Palacio.

Los estudios son cuartos individuales. **Las ventanas** son claras, y todo es muy limpio.

Y enrejados. Hay siete hileras de árboles y siete capas de redes. **Están todos hechos con los siete tesoros.** Oro, plata, vaiḍūrya, cristal, madreperla, perla roja y ágata.

El mérito, virtud y adornos de esta tierra son idénticos a aquellos de la Tierra de la Suprema Felicidad de Occidente. Son exactamente los mismos. El Buda Akṣobhya (Maestro de la Medicina), quien hospeda en la Tierra de Vaiḍūrya, lidera la División Vajra. El Buda Amitābha, quien hospeda en la Tierra de la Suprema Felicidad, lidera la División Loto.

Por la mañana, en la Ciudad de los Diez Mil Budas se recita el nombre del Buda Maestro de la Medicina, y se dedica ese mérito a los protectores del Dharma de la Ciudad, para que ellos nos mantengan a salvo de todo desastre y podamos disfrutar de vidas prolongadas. Al mediodía recitamos "Namo Maestro Fundamental, Buda Śākyamuni" para retribuirle su bondad, ya que nos enseña el Dharma. De tarde recitamos el nombre del

Buda Amitābha, realizando el voto de nacer en la Tierra de la Suprema Felicidad, donde los tres senderos nefastos no existen. En el mundo Sahā, diariamente tenemos conflictos y aflicciones, pero en la Tierra de la Suprema Felicidad y en la Tierra de Vaiḍūrya, sólo hay felicidad.

En la Ciudad de los Diez mil Budas, de reciente creación, se cultiva el Camino y se recitan los nombres de tres Budas; de mañana, al mediodía y de tarde. En este sentido, nos diferenciamos de otros lugares de práctica, ya sea China, Hong Kong, Taiwan, Singapur, Vietnam y otros países en los que se sigue la tradición budista china. Ellos recitan a todo momento el nombre del Buda Amitābha. Aquéllos que dejaron la vida de hogar y vienen de visita a la Ciudad de los Diez Mil Budas piensan que todo lo que hacemos está mal, y que aquí no comprendemos las reglas. Nosotros no reivindicamos que en la Ciudad de los Diez Mil Budas hacemos lo correcto. No obstante, emulando por la mañana los votos del Buda Maestro de la Medicina, que erradica los desastres y prolonga la vida; nosotros recibimos la fresca y juvenil energía del alba; una estimulante vitalidad que asemeja a los brotes de los árboles que reviven luego de una sequía, o a un manantial que brota de la tierra. Así brilla de madrugada el ardiente fuego de nuestras vidas, y todo es auspicioso. Al mediodía agradecemos al Buda Śākyamuni por brindarnos todas las enseñanzas del Dharma y de los Sutras. De noche, nuestros pensamientos retornan a la Tierra de la Suprema Felicidad, el refugio final donde deseamos nacer.

Durante todos estos años ustedes asumieron que en otros lugares se realiza la misma práctica del Dharma, no notaron que la Ciudad de los Diez Mil Budas tiene un estilo diferente. Por ejemplo, en todos los monasterios de la Asociación Budista del Reino del Dharma comenzamos cada conferencia de Sutras con un pedido formal del Dharma. No verán esto en otros templos, se los comento porque ustedes no están familiarizados lo suficiente como para saber qué rituales budistas son o no correctos.

¿Hay alguien que tenga preguntas, críticas u opiniones sobre este pasaje del Sutra o acerca de mi explicación sobre éste? Investiguen en los principios del Dharma hasta tener cabal convencimiento acerca de ellos, no alberguen ninguna duda en sus mentes. Pueden opinar cuando no concuerden con algún principio expuesto en el Sutra.

Quien carece totalmente de pensamientos ilusorios, ya está en la Tierra de la Suprema Felicidad. Estando verdaderamente libres de deseo, ya pueden enseñar y transformar a los seres vivientes. ¿Quién les dijo que se consientan con pensamientos ilusorios y de deseo? Si nadie fue, luego esto es vacío y falso. Si fue alguien, ¿quién lo hizo? Si fueron ustedes, ¿por qué no reconocieron el pensamiento ilusorio ni bien éste apareció en sus mentes?

Sin pensamientos ilusorios, están ya en la Tierra Pura. ¡Vean qué conveniente e inmediata es! Simplemente limpien sus pensamientos ilusorios y estarán en la Tierra de la Suprema Felicidad. Careciendo de pensamientos ilusorios no tendrán aflicciones. La liberación de las aflicciones es la felicidad de la Tierra de la Suprema Felicidad. Por ello, ¡no den más vueltas!

La Tierra Pura enseña muy claramente que es indudablemente uno quien la crea. Es por ello que en verdad, uno no necesita ir a ningún lugar. Al revelar la luz de la naturaleza propia, uno mismo crea la Tierra Pura.

"La Tierra Pura está en la mente.
Amitābha, en nuestra propia naturaleza".

No es necesario mirar hacia afuera. Las personas comunes piensan que la Tierra Pura está afuera, pero quien realmente desee estudiar y cultivar el Budismo, deberá comprender que la Tierra de la Suprema Felicidad y el mundo Sahā no están más allá del pensamiento. Un pensamiento contaminado es el mundo Sahā, y un pensamiento puro es la Tierra de la Suprema Felicidad.

No se apeguen al hecho de enseñar a otros seres vivientes, o a nacer en la Tierra de la Suprema Felicidad. Reciten el nombre de Buda sin preocuparse si nacerán allí. Sólo cultiven con sinceridad. Si están libres de aflicciones, la Tierra de la Suprema Felicidad está aquí, de inmediato. Si tienen aflicciones, están en el mundo Sahā, con su indescriptible sufrimiento.

SUTRA:

"Residiendo en esa tierra hay dos Bodhisattvas Mahāsattvas; el primero se llama Luz Solar Universalmente Radiante, y el segundo, Luz Lunar Universalmente Radiante. Ellos son los líderes entre los inconmensurables, incontables Bodhisattvas residentes en aquella tierra, y serán los sucesores de ese Buda. Ellos son capaces de mantener el precioso tesoro del Correcto Dharma del Honrado por el Mundo, Tathāgata Maestro de la Medicina Luz de Vaiḍūrya. Por eso, Mañjuśrī, todos los hombres y mujeres que tienen fe deben hacer el voto de nacer en esa Tierra de Buda".

COMENTARIO:

Residiendo en esa tierra hay dos Bodhisattvas Mahāsattvas. El Buda Śākyamuni dijo que no hay diferencia entre el Tathāgata Maestro de la Medicina y el Tathāgata Amitābha, ni tampoco entre sus respectivas tierras de Buda. Aquí Él habla de los dos grandes Bodhisattvas de la Tierra Vaiḍūrya. **El primero se llama Luz Solar Universalmente Radiante, y el segundo, Luz Lunar**

Universalmente Radiante. Ellos son los líderes entre los inconmensurables, incontables Bodhisattvas residentes en esa tierra, y serán los sucesores de ese Buda. Asistiendo al Buda de la Medicina, estos dos Bodhisattvas enseñan a los seres de la Tierra Vaiḍūrya. Cuando el Buda Maestro de la Medicina se retire, el Bodhisattva Luz Solar Universalmente Radiante tomará la posición de Buda; y a su retiro, el Bodhisattva Luz Lunar Universalmente Radiante ocupará aquella posición.

Ellos son capaces de mantener el precioso tesoro del Correcto Dharma del Honrado por el Mundo, Tathāgata Maestro de la Medicina Luz de Vaiḍūrya. Una vez que estos dos Bodhisattvas lleguen a ser Budas, continuarán honrando los votos realizados por el Buda Maestro de la Medicina, adornándose con el mérito y virtud de ese Buda, y utilizando sus métodos para enseñar a los seres. Recibirán y mantendrán los votos y prácticas del Tathāgata Maestro de la Medicina Luz de Vaiḍūrya, manteniendo de ese modo el precioso tesoro del Correcto Dharma.

Por ello, Mañjuśrī, todos los hombres y mujeres que tienen fe deben hacer el voto de nacer en esa Tierra de Buda para poder encontrar al Tathāgata Maestro de la Medicina Luz de Vaiḍūrya. Con el tiempo, ellos mismos podrán llegar a ser Budas.

SUTRA:

En aquel momento, el Honrado por el Mundo habló nuevamente al Joven Puro Mañjuśrī, diciendo: "Mañjuśrī, hay seres vivientes que no distinguen el bien del mal, que se complacen en la codicia y en la avaricia, y que nada saben acerca del dar y de sus recompensas. Son estúpidos, ignorantes y carecen de los fundamentos de la fe. Acumulan riquezas y numerosos tesoros, y los cuidan ardientemente. Al ver acercarse a un mendigo, se sienten molestos. Si tienen que practicar un acto de caridad que no los beneficia, sienten como si les estuvieran seccionando un fragmento de su carne, sufriendo un profundo y doloroso pesar.

Hay otros innumerables seres vivientes avaros y miserables que acumulan dinero y bienes que ni siquiera utilizan para sí mismos, ¡cuánto menos lo darán a sus padres, mujeres, sirvientes o mendigos! Al final de sus vidas tales seres nacerán entre los fantasmas hambrientos o entre los animales. Pero incluso estando en los destinos nefastos, si en su anterior existencia humana oyeron el nombre de este Buda, Tathāgata Maestro de la Medicina Luz de Vaiḍūrya, y recuerdan el nombre de este Tathāgata durante un brevísimo lapso, al finalizar su estado en aquel lugar, nacerán de inmediato en el reino de los humanos. Más aún, recordarán sus vidas pasadas y se atemorizarán al ver los sufrimientos de los destinos nefastos. No se deleitarán en los placeres mundanos, y por el contrario, se regocijarán brindando y alabando a aquéllos que practican actos de generosidad. No se resistirán al obsequiar sus bienes. Gradualmente ellos podrán dar sus propias cabezas, ojos, manos, pies y hasta su cuerpo entero a quienes se acerquen mendigando, ¡cuánto más si se tratara de sus propiedades y dinero!"

COMENTARIO:

En aquel momento, el Honrado por el Mundo, el Buda Śākyamuni, **habló nuevamente** con compasión **al Joven Puro Mañjuśrī diciendo: "Mañjuśrī, hay seres vivientes que no distinguen el bien del mal,** que confunden el bien y el mal, **que se complacen en la codicia y en la avaricia,** incapaces de realizar obsequios, **y que nada conocen acerca del dar y de sus recompensas.** Ellos no saben cómo ser generosos ni cómo tener un buen trato con las personas. No comprenden que ellos deben ofrecer a quienes necesitan.

Hay tres tipos de Generosidades:

1. Dar riquezas.
2. Dar el Dharma.
3. Dar sin temor.

Obsequiar riquezas significa regalar nuestros bienes y

propiedades, incluyendo nuestras habilidades y talentos para ayudar a otras personas. Ofreciendo el Dharma uno brinda las enseñanzas acordes a las necesidades de cada individuo, así como un médico prescribe un medicamento. Viendo a una persona sufrir o en peligro, uno debe darle valor, confortándola y disipando sus temores. Éstas son las tres generosidades. Quienes carecen de riquezas pueden ofrecer el Dharma. Si no tienen el Dharma, pueden dar valor. Pueden también explicar acerca de las recompensas provenientes de los actos de generosidad a otros. Por ejemplo, la recompensa de un obsequio puede ser diez mil veces mayor (tal como se cita en el décimo capítulo del Sutra del Bodhisattva Kṣitigarbha).

Son estúpidos, ignorantes y carecen de los fundamentos de la fe. Son personas ignorantes aquéllas que nunca han oído acerca de los principios de causa, efecto y retribución. Aquéllos que carecen de fe y de sabiduría oyen con escepticismo el Correcto Dharma, carecen de la visión selectiva del Dharma –la sabiduría que establece la verdad–. Toman lo que es verdadero como falso y viceversa.

Acumulan riquezas y numerosos tesoros, y los cuidan ardientemente. En este mundo hay avaros que durante las veinticuatro horas del día no hacen más que pensar en sus riquezas y tesoros, ¡cómo se agotan! Tan preocupados están en decidir dónde guardar sus riquezas, que no pueden degustar la comida ni dormir. ¿No llamarían a esto sufrimiento?

Al ver acercarse a un mendigo se sienten molestos. Piensan: "¡Cómo se atreve a pedirme a mí ese ser despreciable!" **Si tienen que practicar un acto de caridad que no los beneficia...** Tal vez se vean forzados por las circunstancias para realizar actos de caridad, y si no lo hacen, tendrán problemas. Presionados de tal modo, **sienten como si les estuvieran seccionando un fragmento de su carne, sufriendo un profundo y doloroso pesar.** Al dar dinero ellos sienten que les seccionan un fragmento de su propio cuerpo. El dolor consume sus corazones, les resulta intolerable.

Hay otros innumerables seres avaros y miserables que acumulan dinero y bienes que ni siquiera utilizan para sí mismos, ¡cuánto menos lo darán a sus padres, mujeres, sirvientes o mendigos! Hay incontables "fantasmas mezquinos" que acumulan riquezas y las guardan, sin permitir que nadie las use. Ni siquiera toleran usarlas ellos mismos, ¿cómo podrían permitir que sus parientes o mujeres las disfruten? ¡Cuánto menos compartirían sus bienes con sus sirvientes o con mendigos!

Al final de sus vidas tales seres nacerán entre los fantasmas hambrientos o animales. Tales avaros se transformarán en fantasmas pobres, en fantasmas hambrientos, en fantasmas que guardan dinero, o en animales.

Aún estando en los destinos nefastos, si en su anterior existencia humana oyeron el nombre de este Buda, Tathāgata

Maestro de la Medicina Luz de Vaiḍūrya, y recuerdan el nombre de este Tathāgata durante un brevísimo lapso, al finalizar su estado en aquel lugar, nacerán de inmediato en el reino de los humanos. Como humanos ellos pudieron haber oído a alguien recitar el nombre del Buda Maestro de la Medicina. Si aún estando en cualquiera de los tres destinos nefastos ellos recuerdan el nombre de este Buda, nacerán en el reino de los humanos. **Más aún, recordarán sus vidas pasadas.** Teniendo conocimiento de sus vidas pasadas, **se atemorizarán al ver los sufrimientos de los destinos nefastos. No se deleitarán en los placeres mundanos, y por el contrario, se regocijarán brindando y alabando a aquéllos que practican actos de generosidad.** Ya no se complacerán con la comida, con la bebida, ni con el matrimonio; en lugar de ello se deleitarán ofreciendo a todo ser viviente, y alabarán a quienes practican la caridad.

Ya desprendidos de la avaricia, **no se resistirán al dar sus bienes. Gradualmente ellos podrán obsequiar sus propias cabezas, ojos, manos, pies y hasta su cuerpo a quien lo necesite, ¡cuánto más si se tratara de sus propiedades y dinero!** ¡Cuánto más sabrán renunciar a otras posesiones!

Al dar uno cosecha bendiciones. Aquéllos que fueron miserables en vidas pasadas ahora son pobres, los que fueron generosos, ahora son ricos. Se dice: "Primero se debe dar para obtener una recompensa. Si no se ofrece, nada se obtendrá".

Deben ver con claridad las causas y los efectos. Aun si ustedes cometen un pequeño error, debido a la ley de causa y efecto, las consecuencias pueden llegar a ser terribles. Al venir al templo para reverenciar a los Budas, nosotros debemos tratar de beneficiar a otros, y no buscar el beneficio propio. Debemos estar dispuestos a tener una pérdida. Quienes vienen al templo para robar comida, dinero y demás, caerán indudablemente en los tres senderos malignos. Asegúrense de que sus parientes y amigos sepan acerca de esto, que es aplicable para cualquier templo. No deben ir a los templos con la esperanza de obtener respuestas o ventajas, ni para robar objetos. Al hacerlo estarán creando grandes ofensas. Si ustedes no lo aclaran, tendrán participación en esas ofensas. Deben exponerles la ley de causa y efecto con claridad para evitarles toda equivocación.

Los Sutras nos instan a que realicemos ofrendas y no a que constantemente busquemos las ofrendas ajenas. Los budistas debemos beneficiar a los demás. De lo contrario, solamente seremos "ladrones entre los virtuosos". Si constantemente tomamos ventaja de las situaciones y creamos tensión con los protectores del Dharma, estaremos creando ofensas, y destruiremos el Budismo.

Habiendo oído mi consejo, espero que rápidamente despierten y reflexionen cuidadosamente una vez más acerca de ustedes mismos. Si cometen errores, corríjanse pronto; si no cometen errores, traten aún más duramente de ser buenos budistas. No sean falsos budistas tratando de tomar ventajas del Budismo. No hagan negocios con el Budismo porque ciertamente, ¡ello los llevará a los infiernos! La mujer que vino a nuestro templo tratando de vender alhajas no comprende que está creando una terrible retribución. Sean extremadamente cuidadosos, si ustedes caen, yo no seré capaz de salvarlos.

SUTRA:

"Es más, Mañjuśrī, hay seres que aun estudiando con el Tathāgata quiebran los preceptos morales (śīla). Hay otros que, si bien no violan los preceptos morales, transgreden las normas y reglamentos. Otros que si bien no quiebran los preceptos morales ni las normas y reglamentos, destruyen sus propias visiones correctas. Hay otros que no destruyen sus propias visiones correctas, pero descuidan el estudio, siendo así incapaces de comprender el profundo significado de los Sutras hablados por el Buda. Otros, aunque instruidos, sienten un orgullo desmedido que los ensombrece. De este modo se justifican a sí mismos y desprecian a los demás, calumnian al Correcto Dharma y se unen al séquito demoníaco.

Tales tontos actúan de acuerdo a su puntos de vista erróneos, induciendo además a incontables millones de seres a caer en trampas de gran peligro. Estos seres vagarán sin fin en los reinos de los infiernos, de los animales y fantasmas. Pero si oyen el nombre del Tathāgata Maestro de la Medicina Luz de Vaiḍūrya, ellos podrán renunciar a esas prácticas perversas y cultivarán el Correcto Dharma, evitando así caer en los destinos nefastos. No obstante, debido al majestuoso poder de los pasados votos de este Tathāgata, cuando aquéllos que hayan caído en los destinos nefastos por no haber renunciado a sus prácticas perversas y por no haber cultivado el Correcto Dharma, oyen su nombre sólo por un momento, al finalizar con su existencia nacerán nuevamente como seres humanos. Mantendrán visiones apropiadas y serán siempre vigorosos. Sus mentes serán equilibradas y alegres, siéndoles posible renunciar a sus familias y dejar la vida de hogar. Tomarán y mantendrán el estudio del Dharma del Tathāgata sin quebrantarlo. Serán eruditos y tendrán puntos de vista apropiados, entenderán los profundos significados y estarán libres de orgullo desmedido. En ningún caso calumniarán al Correcto Dharma ni se unirán a las filas de los demonios. Progresivamente cultivarán las prácticas de los Bodhisattvas, llevándolas rápidamente a la perfección".

COMENTARIO:

Es más, Mañjuśrī... Con gran compasión, el Buda Śākyamuni explicó el Sutra en detalle para todos aquéllos que viven en la

Era del Fin del Dharma, temiendo que los seres vivientes no atiendan a las instrucciones del Buda Maestro de la Medicina y a su imponente poder espiritual; y que además este maravilloso Dharma no sea realmente escuchado.

Él dijo: **"Hay seres que, aun estudiando** el Dharma **con el Tathāgata, quiebran los preceptos morales (śīla)".** Śīla es una palabra sánscrita referida a los preceptos morales que protegen de la perversión y del mal proceder. Algunas personas se descuidan y realizan actos de maldad, quebrando imprudentemente los preceptos.

Hay otros que, si bien no violan los preceptos morales, transgreden las normas y reglamentos que todos deberíamos honrar y cumplir. **Otros que si bien no quiebran los preceptos morales ni las normas y reglamentos, destruyen sus propias visiones correctas.** Aunque tales personas observan las reglas, se ven influenciadas por puntos de vista incorrectos, tienen comportamientos extraños y peculiares puntos de vista.

Hay otros que no destruyen sus propias visiones correctas, pero descuidan el estudio. Tienen poco interés en lo que se refiere al estudio del Dharma. Desperdician el tiempo y dejan pasar la oportunidad de estudiar la sabiduría prajña de los Sutras. Por ello, **son incapaces de comprender el profundo significado de los Sutras hablados por el Buda.** Carecen de motivaciones para comprender las verdades manifestadas en los Sutras, que "hacia arriba concuerdan con los principios de los Budas, y hacia abajo con los potenciales de los seres vivientes". Por el contrario, consideran a los Sutras como enemigos.

Otros, aunque instruidos, sienten un orgullo desmedido. Hay personas que no quebrantaron los preceptos ni las reglas, que no destruyeron sus visiones correctas ni descuidaron los estudios. Por ser eruditos y por haber estudiado muchos Sutras, se colmaron de arrogancia, considerándose mejores que los demás.

Este orgullo desmedido los ensombrece. De este modo, se justifican a sí mismos y desprecian a los demás. Con la sabiduría obstruida por la arrogancia, se justifican a sí mismos y denuncian a los demás. Ellos **calumnian** a los monasterios en donde la gente cultiva **el Correcto Dharma.** Critican las prácticas de comer una sóla vez al mediodía, de no recostarse para dormir, y de no portar dinero. Afirman que no se debería cultivar de ese modo en la Era del Fin del Dharma. ¡Realmente me gustaría conocer la clase de Budismo que ellos estudian!

Y se unen al séquito demoníaco. Son amigos y seguidores de los demonios. **Tales tontos actúan de acuerdo a sus puntos de vista erróneos,** comportándose inadecuadamente, **induciendo además a incontables millones de seres a caer en trampas de gran peligro,** de las cuales no pueden escapar. **Estos seres vagarán sin fin en los reinos de los infiernos, de los animales y fantasmas,**

padeciendo un sufrimiento interminable.

Pero si oyen el nombre del Tathāgata Maestro de la Medicina Luz de Vaiḍūrya... Si estos seres que han cometido las Diez ofensas imperdonables (pārājika), los Diez malos actos, o los Cinco actos rebeldes -ofensas cuya retribución es la caída en los infiernos implacables- consiguen oír el nombre de aquel Buda, **podrán renunciar a sus prácticas perversas,** basadas en puntos de vista inapropiados, **y cultivarán el Correcto Dharma, evitando así caer en los destinos nefastos.** Entonces no caerán en los infiernos ni se transformarán en fantasmas hambrientos, animales o asuras.

Pero aquéllos que hayan caído en los destinos nefastos por no haber renunciado a sus prácticas perversas, y por no haber cultivado el Correcto Dharma... Algunos seres son incapaces de renunciar bruscamente a sus malos actos para comenzar con la práctica de los preceptos, la erudición y los puntos de vista correctos. Les resulta también difícil seguir las normas y reglamentos. No obstante, **debido al majestuoso poder de los pasados votos de este Tathāgata, si oyeran su nombre sólo por un momento, al finalizar con su existencia nacerán nuevamente como seres humanos**. El Buda se manifiesta delante de esos seres, y mediante recursos diversos los induce a oír el nombre del Tathāgata Maestro de la Medicina Luz de Vaiḍūrya. De ese modo, cuando la muerte les llegue, nacerán como seres humanos.

Una vez que nacen como seres humanos, **mantendrán visiones apropiadas y serán siempre vigorosos. Sus mentes serán equilibradas y alegres, siéndoles posible renunciar a sus familias y dejar la vida de hogar.** Estarán siempre felices y evitarán todo acto de egoísmo. En conocimiento de las causas que los llevaron a caer, evitarán el egoísmo, la búsqueda del beneficio propio, las peleas, la codicia y la ambición. Ellos podrán mirar a través de la impermanencia del mundo, y dejarán la vida de hogar para cultivar el Camino.

Tomarán y mantendrán el estudio del Dharma del Tathāgata sin quebrantarlo. Serán eruditos y tendrán puntos de vista apropiados, entenderán los profundos significados y estarán libres de orgullo desmedido. Vigorosamente estudiarán el Dharma bajo la dirección del Tathāgata Maestro de la Medicina Luz de Vaiḍūrya. En ningún caso transgredirán los preceptos o las reglas que destruyen sus propios puntos de vista, ni descuidarán el estudio. Estarán libres de arrogancia, aunque comprendan los principios más hondos y sutiles de los Sutras. **En ningún caso calumniarán al Correcto Dharma ni se unirán a las filas de los demonios.** No se unirán al séquito demoníaco. **Progresivamente cultivarán las prácticas de los Bodhisattvas, llevándolas rápidamente a la perfección.** Cultivando paso a paso las prácticas de los Bodhisattvas, alcanzarán en un breve período la Perfecta Iluminación.

SUTRA:

"Más aún, Mañjuśrī, los seres sintientes que albergan avaricia, codicia y celos, que se alaban a sí mismos y desprecian a otros, caerán en los tres destinos nefastos. Allí soportarán intensos sufrimientos durante incontables miles de años. Luego de pasar por tales serios padecimientos, al final de sus vidas nacerán al mundo como los bueyes, caballos, camellos y burros que son constantemente golpeados, y sufrirán de hambre y de sed, debiendo transportar pesadas cargas a través de los caminos. O podrán nacer entre gente humilde como esclavos o sirvientes que continuamente reciben órdenes ajenas, manifestando incomodidad a todo momento.

Si en sus vidas pasadas como humano tales seres oyeron el nombre del Honrado por el Mundo, Tathāgata Maestro de la Medicina Luz de Vaiḍūrya, y debido a esa buena causa son capaces de recordarlo y sinceramente toman refugio con este Buda, entonces, mediante el poder espiritual del Buda, serán liberados de todo sufrimiento. Estarán dotados de facultades agudas, de sabiduría y erudición. Buscarán siempre los Dharmas supremos y encontrarán buenos amigos. Cortarán para siempre las redes demoníacas y destruirán el cascarón de la ignorancia. Secarán el río de las aflicciones y se liberarán del nacimiento, la vejez, la enfermedad, la muerte, la ansiedad, la tristeza, el sufrimiento y las vejaciones".

COMENTARIO:

Con paciencia, nuevamente habla el Buda Śākyamuni: **"Más aún, Mañjuśrī, los seres sintientes que albergan avaricia, codicia y celos..."** Una persona avara es miserable, pero se esfuerza trabajando para ahorrar dinero para sus hijos y nietos. Hay quienes tienen una avaricia insaciable; codician incluso la basura, pensando que se la puede transformar en energía. La gente envidiosa trata de impedir que otros obtengan beneficios. Se puede envidiar el talento, la inteligencia, las bendiciones, las vidas felices o la buena fortuna. Usualmente la envidia está oculta en la mente y se evidencia sólo en nuestro comportamiento.

Los preceptos del Bodhisattva describen muy claramente a aquéllos **que se alaban a sí mismos y desprecian a otros.** En realidad, hay quienes tienen visión sagaz: si ustedes son verdaderamente buenos, ellos lo difundirán, no es necesario que ustedes digan nada. Pero hay otros que se alaban a sí mismos diciendo: "¿Saben quién soy yo? Soy un gran Bodhisattva, un iluminado. Tengo grandes poderes espirituales". Se alaban a sí mismos pero critican a los demás, ¡incluyendo al Buda! Dicen que Dios es injusto y que la Madre Tierra es cruel. Tales personas **caerán en los tres destinos nefastos, donde soportarán intensos sufrimientos durante incontables miles de años.** No se sabe cuántos eones sufrirán como seres infernales, como fantasmas hambrientos y animales. Por alabarse a sí mismos, por calumniar a otros y por ser avaros, codiciosos y envidiosos; ellos consumen hasta la menor virtud y bendiciones que les quedan; y por ello deben padecer toda clase de intolerables sufrimientos.

Luego de soportar aquellos intensos sufrimientos, al final de sus vidas nacerán al mundo, no como humanos, sino **como los bueyes, caballos, camellos y burros que son constantemente golpeados, y sufrirán hambre y sed, debiendo transportar pesadas cargas a través de los caminos.** Como bestias de carga que trabajan bajo presión, ellos reciben azotes constantemente, y con frecuencia sufren por no tener agua ni comida. No conocen el tener un momento de felicidad.

O podrán nacer entre gente humilde, como esclavos o sirvientes que continuamente reciben órdenes ajenas, manifestando incomodidad a todo momento. Cuando el fin del pago de sus ofensas se aproxima, ellos se transforman nuevamente en personas; pero nacen entre las familias más pobres, careciendo de comida, ropa o albergue adecuados. También pueden llegar a ser esclavos o sirvientes que reciben las órdenes de otros y nunca sienten alivio.

Si en sus vidas pasadas como humanos tales seres oyeron el nombre del Honrado por el Mundo, Tathāgata Maestro de la Medicina Luz de Vaiḍūrya, y debido a esta buena causa –a esta buena semilla– **son capaces de recordarlo y sinceramente toman refugio con este Buda.** En esta vida ellos pueden pensar una vez más en el nombre de aquel Buda, y con la mayor sinceridad tomar refugio con Él, **entonces, mediante el** imponente **poder espiritual del Buda** –por el poder espiritual de sus grandes votos–, **serán liberados de todo sufrimiento** y calamidad. **Estarán dotados de facultades agudas.** Tendrán una excelente visión, audición y sentidos del olfato y del gusto muy desarrollados. Poseerán un agudo sentido del tacto, serán muy inteligentes y tendrán buena memoria.

Y serán sabios y eruditos, comprendiendo muchos principios. **Buscarán siempre los Dharmas supremos.** No satisfechos con pequeños logros, se esforzarán siempre para avanzar. No sentirán cansancio ni apatía. Nunca tendrán desgano los seres vivientes de buenas raíces que encuentren al Tathāgata Maestro de la Medicina Luz de Vaiḍūrya. **Y** siempre **encontrarán buenos amigos** y consejeros que los ayudarán.

Cortarán para siempre las redes demoníacas. Serán liberados para siempre del séquito del Rey de los demonios, sus redes nunca los atraparán.

Y **destruirán el cascarón de la ignorancia.** Para quienes estudian Budismo, es crucial romper la cáscara de la ignorancia. La ignorancia asemeja a la cáscara del huevo, porque aísla. Dentro de la cáscara no se sabe qué sucede afuera. Si en el interior de la cáscara tienen una confusión total, al salir tendrán falsos pensamientos que los conducirán al error.

Secarán el río de las aflicciones y serán liberados del nacimiento, la vejez, la enfermedad, la muerte, la ansiedad, la tristeza, el sufrimiento y las vejaciones. Dejarán atrás todos esos problemas, morando siempre en las cuatro virtudes del nirvāṇa –permanencia, bendición, yo verdadero y pureza–.

Básicamente, nuestros temperamentos provienen de nuestra propia ignorancia y no de aquello que ingerimos, tampoco de los cielos, de la tierra o del clima. La ignorancia surge del egoísmo e indirectamente, las aflicciones también. El enojo y las aflicciones simplemente provienen del temor por sufrir una pérdida. Nos enfurecemos y peleamos evitando tener una pérdida. Sin peleas, sin codicia, sin búsqueda, sin egoísmo y sin procurar el beneficio propio; careceremos de enojo.

Entre los Bodhisattvas, el Bodhisattva Guanyin tiene gran compasión. Quienes reciten su nombre aliviarán sus padecimientos y dolor. Él tiene grandes afinidades con todos los seres. Quien desee estrechar sus lazos con el Bodhisattva Guanyin, debe recitar con frecuencia su nombre, posibilitando así que su luz se mezcle con la suya.

El Bodhisattva Kṣitigarbha (Tesoro de la Tierra) realizó grandes votos. Él no tolera el sufrimiento de ningún ser viviente. Por su imponente poder espiritual, si recitamos su nombre, Él nos ayudará a alcanzar rápidamente la Budeidad. ¿Vieron en los Sutras anuncios de estos dos Bodhisattvas promoviéndose a sí mismos? No. El Buda, que dice siempre la verdad, los alabó personalmente, contándonos acerca de su gran compasión y grandes votos.

SUTRA:

"Mañjuśrī, podría aun haber seres que se deleiten en la perversión y se involucren en disputas legales, ocasionando problemas tanto a los demás como a sí mismos. En sus acciones, palabras y pensamientos ellos siempre acrecientan su mal karma. No desean beneficiar ni perdonar a otros, y por el contrario, elaboran cómo perjudicarse mutuamente. Rezan a los espíritus de los bosques montañosos, de árboles y tumbas. Matan a seres vivientes para hacer sacrificios de sangre y carne a los fantasmas *yakṣas* y *rākṣasas*. Escriben el nombre de sus enemigos, haciendo imágenes con ellos, para luego hechizarlos con mantras perversos. Convocan a los fantasmas de la parálisis, pronuncian hechizos, o comandan a los fantasmas que levantan cadáveres para que maten o dañen a sus enemigos.

No obstante, si las víctimas oyen el nombre del Tathāgata Maestro de la Medicina Luz de Vaiḍūrya, todas esas perversiones perderán su poder de injuriar. Quienes actúan con maldad, se tornarán bondadosos. Obtendrán beneficios, paz y alegría, sin volver a abrigar pensamientos de malicia, de aflicción o de enemistad. Se regocijarán y sentirán satisfacción con lo que poseen. Buscarán el mutuo beneficio en lugar de acometerse los unos a los otros".

COMENTARIO:

Este pasaje nos demuestra cómo lo correcto trasciende toda desviación, y cómo lo verdadero destruye a lo falso. **Mañjuśrī,** dice el Buda Śākyamuni, te explicaré con gran detalle. **Podría aun haber seres que se deleiten en la perversión.** Tales seres niegan la verdad, confundiendo lo correcto y lo incorrecto. Crean dificultades sin ningún motivo, y utilizan falsos principios para intimidar a los débiles.

Y se involucran en disputas legales. Entablan juicios y llevan a las personas a la Corte. Si bien supuestamente la Corte defiende la justicia, mediante argumentos ilógicos ellos convencen a sus miembros para que declaren inocente a su defendido. Así es como invierten lo correcto y lo incorrecto, encubriendo la verdad. Si pierden el caso, ellos apelan a la Suprema Corte. ¡Están decididos a luchar y no abandonarán hasta morir!

Ocasionando problemas tanto a los demás como a sí mismos, sin permitir a otros ni a sí mismos un momento de paz; **en sus**

acciones, palabras y pensamientos ellos siempre acrecientan su mal karma. Sus cuerpos matan, roban y tienen conductas sexuales impropias. Sus mentes se llenan de codicia, enojo y estupidez, sus bocas profieren discursos violentos, mentiras, discursos frívolos y ambiguos. Incrementando estos Diez malos actos, sus ofensas se agravan progresivamente.

No desean beneficiar ni perdonar a otros, y por el contrario, elaboran cómo dañarse mutuamente. Envueltos en vengativas disputas, son incapaces de perdonar y de olvidar los errores del pasado; bajo ninguna circunstancia intentan beneficiar a otros. Planeando cómo dañar a otros, acuden incluso a la ayuda de fantasmas y espíritus. **Rezan a los espíritus de los bosques montañosos, de árboles y tumbas.** Reverencian a los espíritus de las montañas, a las deidades de la tierra, a los espíritus de animales, y a casi todo lo demás, ¡aun a los "espíritus del estiércol y de la orina"! Siendo ellos mismos sucios, se prosternan también ante los espíritus sucios.

En las tumbas rezan a los espíritus, a las almas solitarias y a los fantasmas desolados, diciendo: "Si me protegen y matan a mi enemigo, sacrificaré un pollo para ustedes. Cazaré un ratón para ustedes". Se prosternan incluso ante los espíritus de sapos y ratones. Tentados ante el ofrecimiento de comida, los fantasmas y espíritus son persuadidos para utilizar sus poderes espirituales, fantasmales o demoníacos, y así ocasionar en la víctima un dolor tan espantoso que la llevará a la muerte.

Los fantasmas y espíritus habitan en los grandes árboles de cientos de años. Aunque muchos así lo creen, los árboles no tienen espíritus. Rezan a los espíritus de los árboles, diciendo: "Ayúdame a ganar en las carreras de caballos y te construiré un templo". El espíritu puede ayudarlos a ganar, pero así estarán plantando una mala causa, y cosecharán un mal efecto.

Ellos **matan a seres vivientes.** No solamente rezan a los espíritus, además los sobornan con pescado, carne y licor. Los espíritus codician y beben el licor, y una vez ebrios, causan numerosas dificultades. Habiendo fantasmas y espíritus ávidos de sobornos, no es para sorprenderse que en el mundo haya Oficiales corruptos.

Las personas matan animales **para hacer sacrificios de sangre y carne a los fantasmas yakṣas y rākṣasas.** Los **yakṣas** llevan muchas denominaciones, se los conoce como fantasmas voladores, fantasmas veloces, fantasmas que toman vidas y fantasmas guardianes del dinero. Los **rākṣasas** son poderosos fantasmas que comen personas.

Escriben el nombre de sus enemigos, haciendo imágenes con ellos. Sus "enemigos" son las personas que los contrarían. Escriben el nombre, fecha y hora de su nacimiento sobre una imagen de ellos. **Y luego hechizan esos nombres e imágenes con mantras perversos.** Recitan mantras fatales, maldiciendo a la víctima: "¡Muérete pronto! ¡Muere mañana; no esperes hasta pasado mañana!" Los mantras son palabras verdaderas que recitadas con sinceridad, producen una respuesta.

Una vez que los fantasmas y espíritus malignos aceptan sus ofrendas y beben el licor, dan vueltas causando daño. Por ello, no se consideren magníficos sólo por haber tenido ciertas respuestas con las prácticas esotéricas. Si no han abierto el ojo celestial, no sabrán lo que realmente está sucediendo. Ellos no son más que un conjunto de sucios fantasmas y de espíritus que beben licor, comen carne y actúan con indisciplina.

Convocan a los fantasmas de la parálisis –los fantasmas **kumbhāṇḍa–.** Este tipo de fantasmas se sienta sobre las personas que duermen, impidiéndoles moverse o emitir sonidos. Cuanto más nerviosa está la víctima, más se instala la parálisis. Los fantasmas kumbhāṇḍa son también llamados "fantasmas con forma de barril" y "fantasmas melón de invierno", porque asemejan a una gran calabaza de invierno y a vasijas o barriles. Estos poderosos fantasmas pueden paralizar hasta causar la muerte.

Algunas personas pronuncian **hechizos.** Esto se refiere a la práctica llamada "picar a una persona con el veneno gu". La víctima es controlada por la persona que la envenenó, y si no la obedece, puede activar el veneno, causando a la víctima un insoportable dolor.

O comandan a los fantasmas que levantan cadáveres. Esta clase de magia negra existe realmente. En las provincias de Yunnan 雲南 y Guangxi 廣西, en China, hay personas que utilizan mantras para ordenar a los fantasmas a levantar cadáveres. En cuanto ellos recitan el mantra, los cadáveres pueden pararse y caminar, pero sólo de noche. De día el mantra no es efectivo, porque los fantasmas temen a la luz.

Para que maten o dañen a sus enemigos. Ordenan a los fantasmas que levantan cadáveres para que maten a la víctima, o para que ésta quede bajo su control. Logran que el estómago de la víctima se llene de gusanos, a punto tal que ningún médico puede curarla. O producen "piedras" en los ojos de la víctima, para impedirles ver con claridad. Éstas son enfermedades extrañas.

"No obstante, si las víctimas de tales conjuros secretos **oyen el nombre del Tathāgata Maestro de la Medicina Luz de Vaiḍūrya, todas esas perversiones perderán su poder de hacer el mal.** Serán inefectivos los fantasmas de la parálisis, los hechizos, los conflictos legales, los intentos de daño, y los rezos a los fantasmas y espíritus de las montañas, árboles, tumbas y demás. Los seres que consiguen oír el nombre del Buda Maestro de la Medicina disfrutarán de buena fortuna y estarán a salvo de los desastres.

Quienes hacen el mal se tornarán bondadosos. Las personas que hechizaron o maldijeron con mantras desarrollarán un sentido de la compasión. **Obtendrán beneficios, paz y alegría, sin volver a abrigar pensamientos de malicia, de aflicción o de enemistad.** Aquellos fantasmas malignos, espíritus, demonios y seguidores de sectas desviadas ya no tendrán aflicciones ni desconfianza o resentimiento hacia otros. **Se regocijarán y sentirán satisfacción con lo que poseen.** Los seres perversos se reformarán y serán felices, y abandonarán para siempre la práctica de hechizar, de convocar a los fantasmas de la parálisis, y otros dharmas demoníacos utilizados para perjudicar a las personas. Estarán satisfechos con lo que tienen, y ya no tendrán codicia ni maldad. **Buscarán el mutuo beneficio en lugar de acometerse** y dañarse **unos a otros.** Ellos se perdonarán y se ayudarán entre sí, teniendo un trato armonioso.

Nota: Debido a que se han perdido las cintas con los comentarios del Venerable Maestro correspondientes a dos secciones del Sutra, éstas fueron nuevamente explicadas por dos discípulos. La siguiente es la primera sección del texto.

SUTRA:

"Más aún, Mañjuśri, puede haber entre la Cuádruple asamblea de bhikṣus, bhikṣunis, upāsakas y upāsikās, como así también entre los buenos hombres y mujeres de fe pura, quienes acepten y mantengan los ocho preceptos durante un año o tres meses, practicándolos y estudiándolos. Con estas buenas raíces ellos pueden realizar el voto de nacer en la Tierra de la Suprema Felicidad del Oeste donde reside el Buda de Vida Infinita, para escuchar el Correcto Dharma; pero es posible que su determinación no sea firme. No obstante, si oyen el nombre del Honrado por el Mundo, Tathāgata Maestro de la Medicina Luz de Vaiḍūrya, cuando se aproxime el fin de sus vidas, aparecerán ante ellos ocho grandes Bodhisattvas cuyos nombres son: Bodhisattva Mañjuśrī, Bodhisattva Avalokiteśvara (El que Contempla los Sonidos del Mundo), Bodhisattva Mahāsthāmaprāpta (Gran Fuerza), Bodhisattva Akṣayamati (Intención Inagotable), Bodhisattva Enjoyada Flor Udumbara, Bodhisattva Rey de la Medicina, Bodhisattva Medicina Superior y Bodhisattva Maitreya. Estos ocho Bodhisattvas aparecerán en el espacio para mostrarles el Camino, y naturalmente nacerán por transformación en aquella tierra, en una de las enjoyadas flores de múltiples colores".

COMENTARIO:

Dice nuevamente el Buda: **"Más aún, Mañjuśrī, puede haber entre la Cuádruple asamblea de** discípulos budistas: **bhikṣus** (monjes con ordenación completa), **bhikṣunis** (monjas con ordenación completa), **upāsakas** (budistas laicos) **y upāsikās** (budistas laicas), **como así también entre los buenos hombres y**

mujeres de fe pura, quienes acepten y mantengan los ocho preceptos, las ocho restricciones entre las que se que incluye el no comer a horas impropias, **durante un año o tres meses, practicándolos y estudiándolos.** Los tres meses son el primero, el quinto y el noveno mes del calendario lunar, también conocidos como los meses de pureza. Durante esos tres meses, los Cuatro Reyes Celestiales realizan una inspección en Jambudvīpa –nuestro "continente"–. En estos meses, el mérito y la virtud de mantener las reglas de la pureza y de obtener bendiciones es mayor que en los tiempos comunes.

Si estos buenos hombres y mujeres son capaces de recibir, mantener y estudiar estos ocho preceptos puros, **con estas buenas raíces ellos pueden realizar el voto de nacer en la Tierra de la Suprema Felicidad del Oeste, donde reside el Buda de Vida Infinita, para escuchar el Correcto Dharma.** Con el mérito de mantener los ocho preceptos, ellos pueden realizar el voto de nacer en la Tierra del Oeste del Buda Amitābha, donde se habla el Correcto Dharma. **Pero es posible que su determinación no sea firme.** Pueden no estar completamente decididos a ir realmente.

No obstante, si oyen el nombre del Honrado por el Mundo, Tathāgata Maestro de la Medicina Luz de Vaiḍūrya, cuando se aproxime el fin de sus vidas, aparecerán ante ellos ocho grandes Bodhisattvas para guiarlos, **cuyos nombres son: Bodhisattva Mañjuśrī, Bodhisattva Avalokiteśvara (El que Contempla los**

Sonidos del Mundo), Bodhisattva Mahāsthāmaprāpta (Gran Fuerza), Bodhisattva Akṣayamati (Intención Inagotable), Bodhisattva Enjoyada Flor Udumbara, Bodhisattva Bhaiṣajyarāja (Rey de la Medicina), Bodhisattva Bhaiṣajyasamudgata (Medicina Superior) y Bodhisattva Maitreya.

Mediante sus poderes espirituales, **estos ocho Bodhisattvas aparecerán en el espacio** delante de estas personas **para mostrarles el Camino** cuando estén por morir, guiándolos para que nazcan en la Tierra Pura del Este. **Y naturalmente nacerán por transformación en aquella tierra, en una de las enjoyadas flores de múltiples colores.** Aquella Tierra Pura tiene una profusión de flores de múltiples colores: verde, emitiendo luz verde; amarillo, emitiendo luz amarilla; rojo, emitiendo luz roja; y blanco, emitiendo luz blanca. Los ocho grandes Bodhisattvas conducirán a los practicantes de la Tierra de Vaiḍūrya del Este, donde nacerán con pureza y por transformación, sin pasar por el útero de una madre.

Sutra:

"O podrán nacer en los cielos por esta causa. Aunque nazcan en los cielos, sus buenas raíces originales no se extinguirán, y entonces no volverán a caer en los destinos perversos. Cuando finalicen sus vidas en los cielos, nacerán nuevamente entre las personas. Podrán ser Reyes que giran la rueda, reinando sobre los

Cuatro Continentes con asombrosa maestría y virtud, conduciendo a incontables cientos de miles de seres vivientes a permanecer en la práctica de los Diez buenos actos. O podrán nacer como *kṣatriya*, brahmanes, laicos o hijos de familias honorables. Tendrán riquezas y provisiones en abundancia. De hermosa apariencia, se verán rodeados de un gran séquito de parientes. Serán inteligentes y sabios; tendrán valentía y coraje, como los grandes e imponentes caballeros. Si una mujer oye el nombre del Honrado por el Mundo, Tathāgata Maestro de la Medicina Luz de Vaiḍūrya, y lo atesora con sinceridad, en el futuro ya no volverá a nacer como mujer".

COMENTARIO:

O podrán nacer en los cielos por esta causa. Debido a la virtud de los votos del Buda Maestro de la Medicina, los practicantes que realizaron el voto de nacer en una Tierra Pura, nacerán allí; y aquéllos que no han realizado el voto de nacer en una Tierra Pura, pueden aún disfrutar de la bendición de nacer en los cielos. **Aunque nazcan en los cielos, sus buenas raíces originales no se extinguirán, y entonces no volverán a caer en los destinos perversos**. Comúnmente, aquéllos nacidos en los cielos disfrutan de bendiciones "con efusiones", y cuando esas bendiciones se agotan, ellos nuevamente caen en los reinos más bajos. No obstante, por haber oído el nombre del Buda Maestro de la

Medicina, las buenas raíces originales de los seres nacidos en los cielos no se extinguen, y por ello no vuelven a caer en los senderos infernales, de los fantasmas hambrientos y animales.

Cuando sus vidas en los cielos terminen, cuando finalicen sus bendiciones celestiales, **nacerán nuevamente entre las personas. Podrán ser Reyes que giran la rueda, reinando sobre los Cuatro Continentes.**

Hay cuatro clases de Reyes sabios que giran la rueda:

1. Reyes que giran la rueda de oro sobre los cuatro grandes continentes; Pūrvavideha en el Este, Jambudvīpa en el Sur, Aparagodāniya en el Oeste, y Uttarakuru en el Norte.
2. Reyes que giran la rueda de plata, gobernando en los tres continentes al Sur, Oeste y Este.
3. Reyes que giran la rueda de cobre, gobernando en los dos continentes al Sur y al Oeste.
4. Reyes que giran la rueda de hierro, el reino más bajo, gobernando en el continente Sur.

Como Reyes sabios que giran la rueda, ellos están dotados **de asombrosa maestría y virtud, conduciendo a incontables cientos de miles de seres vivientes a permanecer en la práctica de los Diez buenos actos.** Inducen a incontables seres a practicar los Diez buenos actos.

Los tres actos que involucran el karma del cuerpo son:

1. No matar, que se refiere a no tomar la vida de ninguna criatura.
2. No robar, que se refiere a no tomar lo que no nos es dado.
3. No involucrarse en conductas sexuales impropias, que se refiere a no tener inapropiadas relaciones sexuales con ningún hombre o mujer.

Los cuatro actos que involucran el karma de la boca son:

1. No mentir, que se refiere a decir siempre la verdad.
2. No tener un discurso violento, que se refiere a no reprender o hablar a otros con rudeza.
3. No tener un discurso discrepante, que se refiere a no hablar de las faltas ajenas o a generar discordia.
4. No tener un discurso frívolo, que se refiere a evitar obscenidades, bromas de mal gusto y conversaciones ociosas.

Los tres actos que involucran el karma de la mente son:

1. No tener codicia.
2. No tener odio.
3. No tener confusión.

Lo opuesto a estos Diez buenos actos son las Diez malas acciones.

Los practicantes podrán ser Reyes sabios que giran la rueda, **o podrán nacer como kṣatriyas, brahmanes, laicos o hijos de familias honorables.** Tal vez nazcan dentro de una familia real o de familias de brahmanes (aquéllos que cultivan la pureza), o dentro de una familia budista ortodoxa; o de una antigua y respetable familia, cuyos miembros tienen una buena educación.

Tendrán riqueza y provisiones en abundancia. Tendrán depósitos de oro, plata y de joyas en abundancia. Disfrutarán de toda clase de inagotables provisiones de comida y de ropas de excelente calidad. **De hermosa apariencia, se verán rodeados de un gran séquito de parientes.** Estarán todos encantados al verlos, sus parientes tendrán vínculos armoniosos, y se ayudarán unos a otros. **Serán inteligentes y sabios,** versados en temas varios, y comprenderán numerosos principios. Tendrán gran sabiduría y talento mental y físico. Tendrán **valentía y coraje, como los grandes e imponentes caballeros.** Serán fuertes y heroicos.

Hasta aquí el pasaje del texto alude a nacer en el reino humano, no sólo con un cuerpo saludable y perfecto, sino como un hombre.

Si una mujer escucha el nombre del Honrado por el Mundo, Tathāgata Maestro de la Medicina Luz de Vaiḍūrya y lo atesora con sinceridad, en el futuro obtendrá una inconcebible respuesta, y **no volverá a nacer como mujer.** No tendrá que padecer vida tras vida el sufrimiento de ser mujer. Dejará de ser mujer y pasará a ser hombre.

SUTRA:

"Más aún, Mañjuśrī, cuando el Tathāgata Maestro de la Medicina Luz de Vaiḍūrya alcanzó la iluminación, por el poder de sus votos originales contempló a todos los seres sintientes que padecían de diversas clases de enfermedades y sufrimientos. Entre ellos, había quienes sufrían de enfermedades extenuantes, de atrofia, de sed intensa o de fiebre amarilla; otros habían sido afectados por fantasmas causantes de parálisis o por hechizos venenosos; había otros que morían naturalmente siendo jóvenes, o que experimentaban la muerte a destiempo. Cumpliendo con sus deseos, Él deseaba disipar todas sus enfermedades y sufrimientos".

COMENTARIO:

Más aún, Mañjuśrī, cuando el Tathāgata Maestro de la Medicina Luz de Vaiḍūrya alcanzó la iluminación, por el poder de sus votos originales contempló a todos los seres sintientes que padecían de diversas clases de enfermedades y sufrimientos. En vidas pasadas, el Buda Maestro de la Medicina realizó grandes votos para llegar a ser el gran Rey de los médicos y así poder curar las ochenta y cuatro mil enfermedades de los seres vivientes (que representan un infinito número de enfermedades). El desequilibrio de los cuatro elementos que conforman nuestros cuerpos (tierra, agua, fuego y aire), la posesión por fantasmas o espíritus, y el karma de vidas pasadas; son algunas de las causas que nos generan enfermedades.

Entre ellos, había quienes sufrían de enfermedades extenuantes, de atrofia, de sed intensa o de fiebre amarilla. Las enfermedades extenuantes producen un desgaste tal que el enfermo termina completamente consumido. La atrofia discapacita a la persona para enderezar sus manos o pies, y día tras día sus miembros se debilitan y retraen. La enfermedad de la sed llamada ganxiao 乾痟 produce deshidratación. Los enfermos de fiebre amarilla aparentan tener ictericia. Éstas y otras enfermedades como la fiebre tifoidea y las pestes son causadas por el desequilibrio de los cuatro elementos.

Otros habían sido afectados por fantasmas causantes de parálisis o por hechizos venenosos. Los fantasmas de la parálisis atacan a las personas en sus sueños, presionando sobre ellas hasta impedirles moverse o emitir sonidos. Las enfermedades ocasionadas por hechizos venenosos ocurren en áreas donde es común la brujería. En la provincia china de Yunnan y en algunas partes del sudeste de Asia, hay quienes crían insectos venenosos tales como ciempiés, arañas y escorpiones, y los introducen en una vasija que posteriormente es sellada con un conjuro. Los insectos se devoran unos a otros hasta que sólo queda uno. Ese último insecto contiene todo el veneno de los otros, es llamado "el Rey del veneno". Luego, mediante hechizos y encantos ellos comandan a aquel insecto –para ese entonces un monstruo– para que ataque a las víctimas, causándoles enfermedades o la muerte.

Otros morían naturalmente siendo jóvenes, debido al pesado karma que traían de vidas anteriores, **mientras que otros experimentaban la muerte a destiempo**, muriendo en accidentes diversos como choques de avión, descarrilamiento de trenes, naufragios, choques automovilísticos, inundaciones, incendios, terremotos y huracanes. La mayor parte de la gente no está preparada para perder la vida bajo tales circunstancias. El Buda Maestro de la Medicina tenía suma claridad acerca de tales causas y efectos, **y cumpliendo con sus deseos, deseaba disipar todas sus enfermedades y sufrimientos**.

SUTRA:

"En aquel momento, el Honrado por el Mundo entró en el samadhi denominado 'Extinción del sufrimiento y de la aflicción de todos los seres'. Habiendo ingresado en aquel samadhi, emitió desde su coronilla una gran luz, desde la cual proclamó esta magnífica dhāraṇī:

'Namo Bhagavate Bhaiṣajaguru Vaiḍūryaprabha Rajaya Tathāgataya Arhate Samyaksambuddhya Tadyatha Om Bhaisajye Bhaisajye Bhaisajya Samudgate Svāha.'

Tras haber pronunciado el mantra desde aquella luz, la tierra tembló y emitió un gran brillo. Todas las enfermedades y sufrimientos de los seres fueron erradicados, llegando éstos a sentir paz y felicidad".

COMENTARIO:

En aquel momento, el Honrado por el Mundo, el Tathāgata Maestro de la Medicina Luz de Vaiḍūrya, **entró en el samadhi denominado "Extinción del sufrimiento y de la aflicción de todos los seres". Habiendo ingresado en aquel samadhi, emitió desde su coronilla una gran luz**. Samadhi es un término sánscrito que significa concentración y recepción correctas. Desde la cima de su cabeza –la coronilla de apariencia invisible– el Buda Maestro de la Medicina emitió ilimitada luz.

Nota: éste es el final del texto correspondiente a la primera sección explicada por un discípulo.

Desde aquella luz proclamó esta magnífica dhāraṇī. Pronunció este mantra con el deseo de salvar y proteger a todos los seres vivientes, y de aliviarlos de las enfermedades y sufrimientos.

Quienes reciten este corto mantra con fe y concentración, descubrirán que tiene infinitamente varias maravillosas funciones. Un médico puede utilizar este mantra para que sus pacientes alcancen una pronta recuperación. Con la ayuda del mantra, un médico puede llegar a ser extremadamente bueno. Todos deberían recitar este mantra, sean o no médicos; y al recitarlo por el bien de los enfermos, ellos se recuperarán con rapidez.

El mantra consta de sonidos transliterados que no pueden ser explicados, no hay que comprender lo que el mantra significa. Éste es maravilloso precisamente porque no puede ser comprendido. Dado que carece de un significado sobre el cual se pueda pensar, se lo puede recitar con la mente concentrada, y obtener una respuesta. El mantra dice:

'Namo Bhagavate Bhaiṣajaguru Vaiḍūryaprabha Rajaya Tathāgataya Arhate Samyaksambuddhya Tadyatha Om Bhaisajye Bhaisajye Bhaisajya Samudgate Svāha.'

Recitando constantemente este mantra, se obtiene una inconcebible respuesta. **Tras haber pronunciado el mantra desde aquella luz, la tierra tembló y emitió un gran brillo.** Una vez que el Buda Maestro de la Medicina pronunció las "verdaderas palabras para ungir la coronilla", la tierra se estremeció de seis formas: tembló, rugió, golpeó, se movió, surgió y se elevó. **Todas las enfermedades y sufrimientos de los seres fueron erradicados, llegando éstos a sentir paz y felicidad.**

SUTRA:

"Mañjuśrī, cuando encuentres a un hombre (o a una mujer) enfermo, con tu mente concentrada deberás limpiarlo con frecuencia, bañarlo y enjuagarle su boca. Proporciónale alimentos, medicinas o agua libre de insectos sobre los cuales hayas recitado la dhāraṇī ciento ocho veces. Luego de haberlos ingerido, todas las enfermedades y sufrimientos de quien padecía se habrán ido. Si esa persona tiene un deseo, deberá recitar este mantra con la mayor sinceridad. Luego obtendrá su deseo, y su vida se extenderá y librará de las enfermedades. Al término de su vida, nacerá en la tierra de ese Buda. Logrando el no-retroceso, obtendrá finalmente la Bodhi. Por lo tanto, Mañjuśrī, si hay hombres y mujeres que con suma sinceridad diligentemente adoran y realizan ofrendas al Tathāgata Maestro de la Medicina Luz de Vaiḍūrya, deberán recitar este mantra sin olvidarlo".

COMENTARIO:

"Mañjuśrī, cuando encuentres a un hombre (o mujer) enfermo,

con tu mente concentrada deberás limpiarlo con frecuencia, bañarlo y enjuagarle su boca. Entonces el cuerpo de esta persona estará limpio y su mente tendrá pensamientos puros. **Proporciónale alimentos, medicinas o agua libre de insectos, sobre los cuales hayas recitado la dhāraṇī ciento ocho veces.** Toma la comida, las medicinas o el agua libre de insectos del enfermo, y recita sobre éstos ciento ocho veces las "verdaderas palabras para ungir la coronilla". Entonces entrégaselos a la persona enferma. **Luego de haberlos ingerido, todas las enfermedades y sufrimientos de quien padecía se habrán ido. Si esa persona tiene un deseo, deberá recitar este mantra** ciento ocho veces **con la mayor sinceridad. Luego obtendrá su deseo, y su vida se extenderá y librará de las enfermedades.** Aunque aparente estar a punto de morir, no lo hará. ¡Así es de maravilloso! **Al término de su vida, nacerá en la tierra de ese Buda.** Cuando realmente llegue el fin de su vida, nacerá en la Tierra Pura del Buda de la Medicina. **Logrando el no-retroceso, obtendrá finalmente la Bodhi.** Avanzará firmemente y sin retroceder hasta alcanzar la Insuperable, Correcta, Ecuánime y Apropiada Iluminación.

Por lo tanto, Mañjuśrī, si hay hombres y mujeres que con suma sinceridad diligentemente adoran y realizan ofrendas al Tathāgata Maestro de la Medicina Luz de Vaiḍūrya –si mantienen la mente concentrada y proceden con mucha atención y respeto–, **deberán**

recitar este mantra sin olvidarlo". Constantemente deberán recitar las "verdaderas palabras para ungir la coronilla", conservándolas siempre en la memoria.

SUTRA:

"Es más, Mañjuśrī, los hombres o mujeres de fe pura que hayan oído todos los nombres del Tathāgata Maestro de la Medicina Luz de Vaiḍūrya, Aquél de Correcta y Ecuánime Iluminación, deberán recitarlos y mantenerlos. Por la mañana temprano, luego de cepillar sus dientes y de bañarse, deberán ofrendar ante una imagen de este Buda flores fragantes, incienso, bálsamos perfumados y diversas clases de música. Deberán escribir este Sutra o pedirle a otros que lo hagan, y lo recitarán constantemente, con la mente concentrada. A todo Maestro del Dharma que les brinde explicaciones acerca de su significado, ellos deberán ofrendarle todo aquello que necesite para evitarle el menor deseo. De esta manera, ellos recibirán la cuidadosa protección de los Budas. Todos sus deseos se cumplirán; y finalmente obtendrán la Bodhi".

COMENTARIO:

"Es más, Mañjuśrī, los hombres o mujeres de fe pura que hayan oído todos los nombres del Tathāgata Maestro de la Medicina Luz

de Vaiḍūrya, Aquél de Correcta y Ecuánime Iluminación, deben recitarlos y mantenerlos" Los diez títulos del Buda Maestro de la Medicina son:

Así venido, Aquél Digno de Ofrendas, De Conocimiento Apropiado y Universal, Perfecto en Comprensión y Práctica, Bien Ido, Quien Comprende el Mundo, Héroe Regulador, Maestro de Dioses y Humanos, Buda y Honrado por el Mundo. Luego de oír todos estos nombres, ellos deben ser capaces de recitarlos constantemente.

Por la mañana temprano, al levantarse, **luego de cepillar sus dientes** masticando una ramilla de sauce (costumbre existente en el tiempo del Buda), de enjuagar su boca **y de bañarse** para estar limpios y puros, **deberán ofrendar ante una imagen de este Buda flores fragantes, incienso, bálsamos perfumados y diversas clases de música** para venerar al Buda Maestro de la Medicina, o al **Sutra del Mérito y Virtud de los Pasados Votos del Tathāgata Maestro de la Medicina Luz de Vaiḍūrya. Deberán escribir este Sutra o pedirle a otros que lo hagan, y lo recitarán constantemente, con la mente concentrada.** También pueden recitar con la mente concentrada el nombre del Buda Maestro de la Medicina.

A todo Maestro del Dharma que les brinde explicaciones acerca de su significado, ellos deberán ofrendarle todo aquello que necesite para evitarle el menor deseo. Al Maestro del Dharma que explique, transcriba, reciba, mantenga o recite el Sutra, las personas laicas deberán ofrecerle respetuosamente las cuatro clases de ofrendas -alimento (comidas puramente vegetarianas), ropa, sábanas o frazadas y medicinas-. Deben procurar que al Maestro del Dharma no le falten estas necesidades básicas. **De esta manera, ellos recibirán la cuidadosa protección de los Budas.** Los Budas de las diez direcciones protegerán cuidadosamente a quienes sustenten a un Maestro del Dharma que transcriba, reciba, mantenga o recite el **Sutra del Buda Maestro de la Medicina. Todos sus deseos se cumplirán, y finalmente obtendrán la Bodhi.**

Entre las actividades realizadas por los discípulos del Buda -estudio, trabajo y profesión-, el estudio del Dharma es la tarea más importante. Una de mis discípulas contó que llegó a ser vegetariana y comenzó a asisitir a las conferencias sobre los Sutras luego de que los monjes que realizaron la práctica de los "Tres Pasos, Una Reverencia" vinieran y explicaran los Sutras, y ello es inusual. Quien valora las conferencias de los Sutras, es un buen discípulo de Buda. Debemos ser muy sinceros al oír las conferencias.

SUTRA:

En ese momento, dijo el Joven Puro Mañjuśrī al Buda: "Honrado por el Mundo, realizo el voto de que mediante una variedad de hábiles recursos, yo logre que en la Era de la Apariencia del Dharma, los buenos hombres y mujeres de fe pura escuchen el nombre del Honrado por el Mundo, Tathāgata Maestro de la Medicina Luz de Vaiḍūrya. Incluso cuando duermen yo los despertaré con el nombre de este Buda".

Comentario:

En ese momento, el Joven Puro Mañjuśrī, el Príncipe del Dharma, **dijo al Buda: "Honrado por el Mundo,** honrado dentro del mundo y más allá de él, **realizo el voto de que mediante una variedad de hábiles recursos, en la** futura **Era de la Apariencia del Dharma,** yo pueda enseñar el Dharma a los seres vivientes de acuerdo a sus potencialidades. Sabiamente seleccionaré los métodos convenientes para la enseñanza.

"... yo logre que en la Era de la Apariencia del Dharma, los buenos hombres y mujeres de fe pura escuchen el nombre del Honrado por el Mundo, Tathāgata Maestro de la Medicina Luz de Vaiḍūrya. Incluso cuando duermen yo los despertaré con el nombre de este Buda". Si las condiciones maduran mientras duermen, permitiré que ellos oigan en sus sueños el nombre de aquel Buda, para que despierten y cultiven el Buddhadharma.

El Buddhadharma consta de tres períodos:

1. La Era del Correcto Dharma
2. La Era de la Apariencia del Dharma
3. La Era del Fin del Dharma

La Era del Correcto Dharma comenzó cuando el Buda estaba en el mundo, extendiéndose a lo largo de quinientos o mil años. Durante este período había numerosos practicantes, y muchos de ellos trabajaron sobre la meditación, desarrollaron el samadhi y cultivaron la habilidad de los sabios.

A continuación sigue la Era de la Apariencia del Dharma, que es el período en el cual surgió el apego a las apariencias. Se enfatizaron en las construcciones de los templos y monasterios, característica semejante al poder que los Reyes exhibían en el aspecto exterior. Aunque se construyeron muchos templos para sustentar el Budismo, había pocos practicantes, y éstos sólamente se ocupaban de las apariencias. Se considera que la Era de la Apariencia del Dharma se extendió durante mil años, aunque algunos opinan que duró quinientos años.

Nosotros vivimos en la Era del Fin del Dharma, muy distante de los tiempos de Buda. En esta Era, la habilidad de las personas no se encuentra en la meditación ni en la construcción de templos, pero sí en el combate. Las personas combaten entre sí, las familias con las familias, los países con los países y los planetas con los planetas. Las personas están en lucha continua, aterrorizándose las unas a las otras. Ésta es una verdadera Era de terror. Tal vez por no haber realizado ningún buen acto hemos nacido en la Era del Fin del Dharma, cuando el Budismo está acercándose a su fin. Debemos considerar que la Era del Fin del Dharma se extenderá durante diez mil años, aunque hay quienes afirman que sólo durará mil.

Han pasado más de tres mil años desde la época de Buda. La Era del Correcto Dharma y la de la Apariencia del Dharma han abarcado cada una mil años, y ahora ya han pasado unos mil años de la Era del Fin del Dharma. Aunque no hemos sido tan afortunados como para ver las supremas condiciones que existieron en la época de Buda, debemos realizar los votos de propagar el Correcto Dharma en el presente, y de transformar la Era del Fin del Dharma en la Era del Correcto Dharma. Si todos nosotros realizamos estos votos, el Dharma no llegará a extinguirse. El Budismo recién ha llegado a Occidente, y debemos sustentarlo firmemente y propagar el Correcto Dharma, considerándolo una norma de comportamiento. El Correcto Dharma es nuestra meta y propósito. Todos nosotros debemos tomar la determinación de realizar la gran Bodhi y de proteger el Tesoro del Ojo del Correcto Dharma.

SUTRA:

"Honrado por el Mundo, tal vez haya quienes acepten y mantengan este Sutra, lo lean y reciten, expliquen a otros su significado, lo escriban ellos mismos o insten a otros a hacerlo. Pueden reverenciarlo ofrendándole diferentes clases de flores, incienso en pasta y en polvo, varillas de incienso, guirnaldas florales, collares, banderas, doseles y música. Pueden confeccionar bolsas con hilos de cinco colores en donde guardar el Sutra, y pueden también limpiar y preparar un altar elevado en donde colocar este Sutra. En ese momento, los Cuatro Reyes Celestiales con sus séquitos, y otros incontables cientos de miles de dioses acudirán a aquel lugar para adorarlo y protegerlo.

Honrado por el Mundo, debería hacerse saber que debido al mérito y virtud de los votos originales de este Honrado por el Mundo, Tathāgata Maestro de la Medicina Luz de Vaiḍūrya, y debido a haber oído su nombre; ninguna de las personas que acepta y mantiene el Sutra en los lugares por donde circula, tendrá una muerte a destiempo. Además, los fantasmas y espíritus perversos no podrán robar la energía vital de ninguno de ellos. Restaurarán su salud las personas a quienes ya les ha sido robada su energía vital, y obtendrán paz y felicidad de cuerpo y mente".

Comentario:

El Bodhisattva Mañjuśrī dijo nuevamente: **"Honrado por el Mundo,** Tú que eres honrado en el mundo y más allá de éste, en la Era de la Apariencia del Dharma así como en la Era del Fin del Dharma, **tal vez haya quienes acepten y mantengan este Sutra, lo lean** del libro, **lo reciten** de memoria **y expliquen a otros su significado".** Basados en su propia sabiduría y comprensión del Sutra, ustedes pueden exponerlo a los demás, ilustrando sus maravillosos principios y su gran importancia a través del uso de analogías.

Lo escriban ellos mismos o insten a otros a hacerlo. Ustedes pueden escribir el Sutra sobre papel con pincel y tinta, o pueden instar a que otros lo hagan. **Pueden reverenciarlo** inclinándose ante éste, o colocándolo sobre un altar, **ofrendándole diferentes clases de flores, incienso en pasta y en polvo, varillas de incienso, guirnaldas florales, collares, banderas, doseles y música.** Uno puede ejecutar varias clases de música en alabanza a los Budas como una ofrenda hacia este Sutra.

Pueden confeccionar bolsas con hilos de cinco colores en donde guardar el Sutra, y pueden también limpiar y preparar en sus casas **un altar elevado en donde colocar este Sutra**. Deben guardarlo en un lugar elevado como demostración de respeto. **En ese momento, los Cuatro Reyes Celestiales con sus séquitos,**

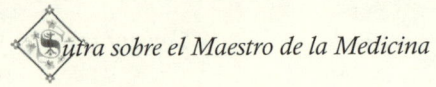

y otros incontables cientos de miles de dioses acudirán a aquel lugar donde se hacen ofrendas al Sutra, **para adorarlo y protegerlo.**

"Honrado por el Mundo, debería hacerse saber que debido al mérito y virtud de los votos originales de este Honrado por el Mundo, Tathāgata Maestro de la Medicina Luz de Vaiḍūrya, y debido a haber oído su nombre, ninguna de las personas que acepta y mantiene el Sutra en los lugares por donde circula, tendrá una muerte a destiempo". No ocurrirán muertes accidentales en ningún lugar donde se encuentre este Sutra.

Además, los fantasmas y espíritus perversos no podrán robar la energía vital de ninguno de ellos. Restaurarán su salud las personas a quienes ya les ha sido robada su energía vital, y obtendrán paz y felicidad de cuerpo y mente. Recobrarán la salud aquellos a quienes los espíritus y fantasmas malignos agotaron su esencia y energía. Se librarán de las aflicciones, de los desastres y desgracias. Quienes piensen que su hogar es frecuentado por fantasmas pueden llevar a sus casas una copia del **Sutra sobre el Mérito y Virtud de los Votos Originales del Tathāgata Maestro de la Medicina Luz de Vaiḍūrya** para realizarle ofrendas. Éste es el mejor modo de ahuyentar las malas influencias y de brindar paz al hogar.

Sutra:

Dijo el Buda a Mañjuśrī: "¡Así es, así es! Es exactamente como tú dices. Mañjuśrī, los buenos hombres y mujeres de fe pura que deseen ofrendar al Honrado por el Mundo, Tathāgata Maestro de la Medicina Luz de Vaiḍūrya, deberán primero hacer una imagen de este Buda y preparar un estrado limpio y puro en donde situar la imagen. Luego deberán colocar diferentes clases de flores, quemar diversos tipos de incienso y adornar el lugar con una variedad de banderas. Durante siete días y noches deberán mantener los ocho preceptos y comer alimentos puros. Luego de haberse bañado, ya limpios y fragantes, deberán vestirse con ropas limpias. Sus mentes deberán estar libres de impurezas, no tendrán pensamientos de ira ni de malicia. Sus pensamientos serán de benevolencia, paz, consideración, compasión, júbilo, generosidad y ecuanimidad hacia todos los seres sintientes.

Caminarán hacia la derecha rodeando la imagen del Buda, tocando instrumentos musicales y cantando alabanzas. Más aún, recordarán el mérito y virtud de los votos originales de este Tathāgata. Deberán leer y recitar este Sutra, meditar sobre su significado, enseñarlo y explicarlo. Entonces obtendrán aquello que busquen: quienes quieran una vida prolongada obtendrán longevidad; aquéllos que pretendan riquezas obtendrán riquezas; quienes ambicionen un puesto en el Gobierno, lo obtendrán; y aquéllos que busquen un hijo o una hija los tendrán".

COMENTARIO:

Dijo el Buda a Mañjuśrī: "¡Así es, así es! ¡Tienes razón! **Es exactamente como tú dices. Mañjuśrī, los buenos hombres y mujeres de fe pura que deseen ofrendar a este Honrado por el Mundo, Tathāgata Maestro de la Medicina Luz de Vaiḍūrya, deberán primero hacer una imagen de este Buda y preparar un estrado** inmaculadamente **limpio y puro en donde situar la imagen,** para realizar ofrendas en él. **Luego deberán colocar diferentes clases de flores, quemar diversos tipos de incienso y adornar el lugar con una variedad de banderas".**

Al realizar ofrendas a los Budas y Bodhisattvas no debemos pensar que ellos tienen tanta codicia como nosotros, esperando siempre que alguien los invite a una comida vegetariana o a un té. Como demostración de nuestra sinceridad, ofrecemos finos inciensos, flores frescas y demás, pero ello no implica que los Budas y los Bodhisattvas disfruten de todo aquello. No se deleitan si quemamos incienso para ellos, ni se molestan si no lo hacemos. Ellos prescinden de todo objeto mundano ofrecido por las personas. Nosotros realizamos tales ofrendas sólo por no tener otra forma de demostrar nuestra sinceridad.

Cuando realizamos ofrendas, no debemos ser como la gente supersticiosa que enciende grandes manojos de varillas perfumadas delante del Buda. Queman tanto incienso que el Buda, que brillaba en paz su luz protectora sobre los seres vivientes, desaparece en una nube de humo. ¡Ni siquiera puede abrir los ojos! Y como resultado, el brillo de su luz y su protección se interrumpen. Ésta es, por supuesto, sólo una descabellada presunción acerca del estado de Buda, pero mi idea es que no hay necesidad de ofrecer grandes manojos de incienso. Sería análogo a cubrir de comida una mesa de treinta metros de largo para que sólo coma una persona.

Como ofrenda al Buda, no se debe encender más de tres varas de incienso, agregando acaso una más para los espíritus protectores del Dharma; en total cuatro varillas. Usualmente con una varilla de incienso es suficiente, y si son sinceros, aun sin ofrecerles incienso, los Bodhisattvas los protegerán. Los Budas estarán siempre felices mientras tengan en sus corazones a la Triple Joya y reciten los Sutras. No es necesario encender incienso para que ellos se sientan felices.

Con nuestras mentes comunes no podemos profundizar en la sabiduría. Nos gustan los elogios y no las críticas. Los Budas, por el contrario, carecen de mezquindad y de codicia. La gente supersticiosa se prosterna en los templos pensando: "Cuanto más dinero damos y cuanto más incienso quemamos, mejor". Sin embargo, si se les pregunta: "¿Qúe hay de bueno en eso?" Ni ellos mismos pueden explicarlo. ¿Entonces, no les parece que están confundidos? Por eso, los budistas deben estar atentos a la verdad y a la sabiduría, no deben ser supersticiosos.

Durante siete días y noches deberán mantener los ocho preceptos y comer alimentos puros que no contengan carne o plantas picantes (cebollas, ajos, puerros, echalotes y cebollines o cebollas de verdeo). **Luego de haberse bañado, ya limpios y fragantes, deberán vestirse con ropas limpias.** Deben lavar toda la suciedad y transpiración de sus cuerpos, bañándose en aguas fragantes para oler bien; y luego vestirse con ropas limpias como demostración de respeto a los Budas, pero no deben ser necesariamente elegantes.

Sus mentes deberán estar libres de impurezas, no tendrán pensamientos de ira ni de malicia. Purifiquen sus mentes, arrojen la basura y las impurezas. No abriguen pensamientos de cólera ni de malicia. **Sus pensamientos serán de benevolencia, paz, consideración, compasión, júbilo, generosidad y ecuanimidad hacia todos los seres sintientes.** Deben tener el deseo de paz y bienestar para todos los seres.

Caminarán hacia la derecha rodeando la imagen del Buda, tocando instrumentos musicales y cantando alabanzas. Más aún, recordarán y recitarán el Sutra sobre **el Mérito y Virtud de los Votos Originales de este Tathāgata, meditarán sobre su significado, lo enseñarán y explicarán. Entonces obtendrán aquello que busquen: quienes quieran una vida prolongada obtendrán longevidad; aquéllos que pretendan riquezas obtendrán riquezas; quienes ambicionen un puesto en el Gobierno, lo obtendrán; y**

aquéllos que busquen un hijo o una hija los tendrán. ¡Tan grandes son los méritos de este Sutra del Mérito y Virtud de los Votos Originales del Tathāgata Maestro de la Medicina Luz de Vaiḍūrya! En tanto sean sinceros, sus pedidos serán concedidos.

SUTRA:

"Más aún, si súbitamente una persona tiene pesadillas, ve malos presagios, advierte que extrañas aves se agrupan, o que en su residencia se manifiestan eventos inexplicables y monstruosos; y puede adorar y realizar ofrendas de vastos materiales refinados a este Honrado por el Mundo, Tathāgata Maestro de la Medicina Luz de Vaiḍūrya; entonces las pesadillas, los malos presagios, los eventos inexplicables y las circunstancias no propicias desaparecerán, y ya no tendrá preocupaciones.

Cuando una persona es amenazada por agua, fuego, armas cortantes o veneno; o se encuentra en un acantilado escarpado o en un lugar peligroso; o frente a feroces elefantes, leones, tigres, lobos, osos, víboras venenosas, escorpiones, ciempiés, milpiés, mosquitos, jejenes, o ante otros hechos aterradores; si puede recordar claramente, adorar y ofrendar a este Buda, será liberada de todos estos pavorosos acontecimientos. Cuando se produce la invasión de otros países, o hay ladrones y desorden; si una persona puede recordar y adorar a este Tathāgata, también quedará librada de todo peligro".

COMENTARIO:

Más aún, si súbitamente una persona tiene pesadillas, si sueña con su propia muerte o con la de algún otro, o sueña que tiene un accidente automovilístico, o que salta al mar –toda clase de sueños desafortunados– o **ve malos presagios.** Tal vez vea a un horroroso fantasma rākṣasa, o a un monstruo con colmillos y una gran boca, o al Dios del Trueno dispuesto a golpear a las personas con su rayo. Puede ser que sueñe con terremotos, avalanchas, maremotos u otros malos presagios. O acaso **advierta que** muchas **extrañas aves** –pájaros inusuales como búhos con cuernos, búhos con orejas y cuervos–, **se agrupan** sobre su casa.

O que en su residencia se manifiestan eventos inexplicables y monstruosos, como fantasmas diurnos o demonios nocturnos; o que un palo de escoba deambula por sí mismo, o que un cucharón de sopa vuela por toda la casa. Si en tal hogar él u otros **pueden adorar y realizar ofrendar de vastos materiales refinados** –los objetos más valiosos y preciosos– **a este Honrado por el Mundo, Tathāgata Maestro de la Medicina Luz de Vaiḍūrya, entonces las pesadillas, los malos presagios, los eventos inexplicables y las circunstancias no propicias desaparecerán, y ya no tendrá preocupaciones.** Todos sus malos sueños –acaso de víboras, tigres, lobos, leopardos u otras bestias–, y todos los hechos desafortunados se habrán ido antes de que él lo note.

Por lo tanto, quienes piensen que tienen la casa embrujada, pueden venerar y ofrendar al Buda Maestro de la Medicina, entonces sus problemas habrán desaparecido y obtendrán ventura.

Cuando una persona está por ahogarse en aguas profundas, **o es amenzada por el fuego,** es dañada por **armas cortantes o veneno; o se encuentra en un acantilado escarpado o en un lugar peligroso; o frente a feroces elefantes** –así como un elefante intoxicado que está listo para matar a quien vea–, **leones** que comen hombres, **tigres, lobos, osos, víboras venenosas, escorpiones, ciempiés** venenosos, **milpiés** que excavan en los cerebros de las personas, succionándolos hasta secarlos; **mosquitos, jejenes u otras** criaturas dañinas, o **ante otros hechos aterradores; si puede recordar claramente** al Tathāgata Maestro de la Medicina Luz de Vaiḍūrya, **adorar y ofrendar a este Buda, será liberada de todos estos pavorosos acontecimientos.** Ya no tendrá nada que temer. **Cuando se produce la invasión de otros países, o hay ladrones y desorden** entre países; **si una persona puede recordar y adorar a este Tathāgata,** pensamiento tras pensamiento, **también quedará librada de todo ello.** Todos los infortunios se convertirán en dichas y venturas.

SUTRA:

"Además, Mañjuśrī, puede ser que haya buenos hombres y buenas mujeres de fe pura que durante todas sus vidas nunca hayan reverenciado a un dios, pero que con su mente concentrada tomen refugio en el Buda, el Dharma y el Sangha. Habrá otros que acaso acepten y mantengan los preceptos, tales como los cinco preceptos, los diez preceptos, los cuatrocientos preceptos del Bodhisattva, los docientos cincuenta preceptos de bhikṣu o los quinientos preceptos de bhikṣunī. Es probable que ellos hayan quebrantado alguno de los preceptos que recibieron, y sientan temor de caer en los destinos nefastos. Si se concentran en recitar el nombre de este Buda, lo adoran y ofrendan, evitarán por siempre nacer en los tres destinos nefastos.

Si hay una mujer que a punto de dar a luz sufre un gran dolor, pero recita su nombre sinceramente y adora, alaba, venera y realiza ofrendas a este Tathāgata; todos sus sufrimientos serán disipados. El niño recién nacido será saludable y poseerá rasgos honorables, al verlo la gente tendrá dicha. Será inteligente y de sentidos agudos, pacífico y seguro, tendrá pocas enfermedades, y ningún espíritu perverso le robará su vitalidad.

COMENTARIO:

Además –dijo el Buda Śākyamuni– **Mañjuśrī**, permíteme

decirte más. **Puede ser que haya buenos hombres y buenas mujeres de fe pura,** hombres y mujeres virtuosos, **que durante todas sus vidas nunca hayan reverenciado a un dios,** que no rindan culto a deidades celestiales o terrenales, a fantasmas, espíritus o dioses de religiones no budistas; **pero que con su mente concentrada y** con suma sinceridad **tomen refugio en el Buda, el Dharma y el Sangha. Habrá otros que acaso acepten y mantengan** estrictamente **los preceptos** de Buda, **tales como los cinco preceptos** que prohiben matar, robar, tener una conducta sexual impropia, mentir y tomar intoxicantes, **los diez preceptos** del Śramaṇera (novicio), **los cuatrocientos preceptos del Bodhisattva, los docientos cincuenta preceptos de bhikṣu o los quinientos preceptos de bhikṣunī. Es probable que ellos hayan quebrantado** –deliberadamente o no– **alguno de los preceptos que recibieron, y sientan temor de caer en los destinos nefastos. Si se concentran en recitar el nombre de este Buda,** recitando sinceramente y con la mente concentrada "Homenaje al Buda Maestro de la Medicina que Erradica los Desastres y Prolonga la Vida", **lo adoran y ofrendan** incondicionalmente; **evitarán por siempre nacer en los tres destinos nefastos.**

Si hay una mujer que a punto de dar a luz, sufre un insoportable **dolor, pero recita su nombre sinceramente y adora, alaba, venera y realiza ofrendas a este Tathāgata, todos sus sufrimientos serán disipados. El niño recién nacido será saludable.** Las facultades físicas del bebé serán completas y perfectas. No le faltará un ojo, oreja, nariz o boca, **y poseerá rasgos honorables. Al verlo la gente tendrá dicha.** A todos les gustará mirarlo. **Será inteligente y de sentidos agudos, pacífico y seguro, tendrá pocas enfermedades, y ningún espíritu perverso le robará su vitalidad.** Será extremadamente brillante, y en pocas circunstancias se enfermará. Los duendes, demonios, fantasmas u otros espíritus malignos no absorberán su esencia porque el imponente poder espiritual del Buda Maestro de la Medicina mantendrá alejados a tales seres.

El clima de Los Angeles es similar al de la montaña china llamada Jiuhua 九華 山 (Nueve Flores), que es el bodhimandala del Bodhisattva Kṣitigarbha 地藏菩薩. Las causas y condiciones de estos dos lugares son muy similares, por ello en Los Angeles todos tienen una gran afinidad con el Bodhisattva Kṣitigarbha. Él es el hospedero del Monasterio Rueda de Oro, y el Bodhisattva Guanyin 觀音菩薩 es su protector del Dharma. En la Ciudad de los Diez Mil Budas, el Bodhisattva Guanyin es el hospedero, y el Bodhisattva Kṣitigarbha actúa como el protector del Dharma. La Ciudad es el bodhimandala de Guanyin, puesto que su clima es similar al de la Montaña Putuo 普陀山 (el bodhimandala del Bodhisattva Guanyin en China). El bodhimandala del Bodhisattva Samantabhadra普賢菩薩 está en Seattle (similar a la Montaña Emei峨嵋山, que es el bodhimandala del Bodhisattva Samantabhadra en China) y el bodhimandala del

Bodhisattva Mañjuśrī 文殊師利菩薩 está en Vancouver (comparable a la Montaña Wutai五台山, en China). A Mañjuśrī le gusta el frío, por ello yo elegí Vancouver como sitio de su bodhimandala. Este Bodhisattva aparece allí frecuentemente emitiendo luz. En Seattle, el hospedero es el Bodhisattva Samantabhadra, y el Bodhisattva Mañjuśrī es el protector del Dharma. En Vancouver, el Bodhisattva Mañjuśrī es el hospedero, y el Bodhisattva Samantabhadra es el protector del Dharma.

Pueden venerar al Bodhisattva Guanyin en la Ciudad de los Diez Mil Budas, no es necesario que viajen hasta China. Prosternarse ante el Bodhisattva Kṣitigarbha en el Monasterio Rueda de Oro equivale a hacerlo en la Montaña Jiuhua. Y en nuestro templo de Vancouver pueden rendirle homenaje al Bodhisattva Mañjuśrī, al igual que lo harían en China, en la Montaña Wutai五台山.

He invitado a los cuatro grandes Bodhisattvas a estos cuatro templos para que ustedes puedan rendirles homenaje sin tener que desplazarse a través de grandes distancias hasta China.

Aunque ustedes no puedan verlos, yo siento que los cuatro grandes Bodhisattvas están ahora en estos cuatro bodhimandalas. Si lo creen o no, depende de ustedes.

Nota: la siguiente sección del Sutra fue explicada por un discípulo.

SUTRA:

En aquel momento dijo el Honrado por el Mundo a Ananda: "El mérito y virtud del Honrado por el Mundo, Tathāgata Maestro de la Medicina Luz de Vaiḍūrya, a quien yo acabo de alabar, es la práctica extremadamente profunda de todos los Budas. Ella es difícil de profundizar y de comprender. ¿Crees en ella o no?"

COMENTARIO:

Antes de obtener un real beneficio, los discípulos de Buda deben realizar votos sinceros, teniendo una fe verdadera. *El Sutra del Adorno Floral* dice: "La fe es la fuente del Camino y la madre del mérito y virtud, ella nutre todas las buenas raíces". Sin fe, no podrán nutrir las buenas raíces ni el mérito y virtud.

En aquel momento dijo el Honrado por el Mundo a Ananda: "El inconcebible **mérito y virtud del Honrado por el Mundo, Tathāgata Maestro de la Medicina Luz de Vaiḍūrya, a quien yo acabo de alabar, es la práctica extremadamente profunda de todos los Budas.** Éste es el estado de la práctica más profunda y maravillosa de todos los Budas. **Ella es difícil de profundizar y de comprender.** Aunque los Budas y quienes han pasado por aquella experiencia pueden comprenderla, a las personas comunes les resulta imposible entenderla. **¿Crees en ella o no?** Ahora, Ananda, ¿crees realmente en todo lo que yo acabo de decir?

¿Estás libre de dudas?"

SUTRA:

Ananda dijo: "Admirablemente Virtuoso Honrado por el Mundo, no tengo absolutamente ninguna duda con referencia a los Sutras hablados por el Tathāgata. ¿Por qué? Porque todos los karmas del cuerpo, boca y mente de los Budas son puros. Honrado por el Mundo, el sol y la luna podrán caer, el rey Maravillosamente Alto de las montañas podrá ser derribado o sacudido; pero las palabras de los Budas nunca cambiarán".

COMENTARIO:

En respuesta **Ananda dijo: "Admirablemente Virtuoso Honrado por el Mundo, no tengo absolutamente ninguna duda con referencia a los Sutras hablados por el Tathāgata.** Hacia arriba los Sutras (textos coincidentes) concuerdan con los principios de todos los Budas, y hacia abajo concuerdan con el potencial de todos los seres vivientes. No tengo la menor duda respecto de ellos. **¿Por qué? Porque todos los karmas del cuerpo, boca y mente de los Budas son** completamente **puros,** sin siquiera una mota de contaminación o de falsedad.

Honrado por el Mundo, entre el cielo y la tierra **el sol y la luna**

podrán caer, el rey Maravillosamente Alto de las montañas –el Monte Sumeru–, **podrá ser derribado o sacudido;** y todo lo demás podrá cambiar, **pero las palabras de los Budas nunca cambiarán.** Las palabras de todos los Budas son absolutamente verdaderas y no se las puede cambiar.

Sutra:

"Honrado por el Mundo, hay seres sintientes deficientes en fe que oyen sobre las prácticas extremadamente profundas de todos los Budas y piensan: '¿Cómo se podría obtener tal supremo mérito y beneficio simplemente por recitar el nombre de este único Buda, Tathāgata Maestro de la Medicina Luz de Vaiḍūrya?' Debido a esta falta de fe dan lugar a la difamación. Durante la larga noche, ellos pierden gran beneficio y alegría, cayendo en los destinos nefastos, donde vagan sin cesar".

Comentario:

"Honrado por el Mundo, hay seres sintientes deficientes en fe, que son particularmente escépticos y carecen de los fundamentos de la fe, **que oyen sobre las prácticas extremadamente profundas de todos los Budas".** De inmediato dan lugar a la duda al oír acerca de la conducta de todos los Budas, acerca de la impenetrable, profunda sabiduría; y de las bendiciones, virtud y maravilloso funcionamiento de las penetraciones espirituales de todos los Budas. **Y piensan: '¿Cómo se podría obtener tal supremo mérito y beneficio simplemente por recitar el nombre de este Buda, Tathāgata Maestro de la Medicina Luz de Vaiḍūrya?' Debido a esta falta de fe dan origen a la difamación.** Al dudar, piensan: "El Buda engaña a la gente. Todo lo que dice es mentira". Al difamar con imprudencia, inducen a las personas que los oyen a perder la fe en la Triple Joya.

Durante la larga noche ellos pierden gran beneficio y alegría, cayendo en los destinos nefastos, donde vagan sin cesar. Durante la interminable noche, analogía referida a la rueda sin fin del nacimiento y muerte, ellos renuncian a todo beneficio y felicidad, sufriendo en los infiernos, en el reino de los fantasmas hambrientos y en el reino animal.

SUTRA:

Dijo el Buda a Ananda: "Si estos seres sintientes oyen el nombre del Honrado por el Mundo, Tathāgata Maestro de la Medicina Luz de Vaiḍūrya, y sinceramente lo aceptan y mantienen, libres de toda duda, no podrán caer en los destinos nefastos.

¡Ananda, ésta es la práctica extremadamente profunda de todos los Budas, la cual es difícil de creer y de comprender! Debes saber que tu habilidad para aceptar esto proviene del imponente poder del Tathāgata. Ananda, todos los Oidores, los Iluminados en Soledad y los Bodhisattvas que no han aún ascendido a los Suelos (Niveles), son incapaces de creer y de entender este Dharma tal como realmente es. Sólamente los Bodhisattvas destinados a alcanzar la Budeidad en una sóla vida son verdaderamente capaces de entender.

Ananda, es difícil obtener un cuerpo humano. También es difícil tener fe y reverenciar a la Triple Joya. Aún más difícil es ser capaz de oír el nombre del Honrado por el Mundo, Tathāgata Maestro de la Medicina Luz de Vaiḍūrya. Ananda, el Tathāgata Maestro de la Medicina Luz de Vaiḍūrya posee las ilimitadas prácticas del Bodhisattva, incontables recursos e inconmensurables vastos y grandiosos votos. Podría hablar extensamente acerca de ellos durante un eón o más, y el eón se acabaría; pero aquellas prácticas del Buda, votos y recursos apropiados para la enseñanza, ¡no tienen fin!"

COMENTARIO:

Dijo además **el Buda a Ananda: "Si estos seres sintientes,** los mencionados previamente, son capaces de **oír el nombre del Honrado por el Mundo, Tathāgata Maestro de la Medicina Luz de Vaiḍūrya,** y con concentración **y sinceridad lo aceptan y**

mantienen, libres de toda duda, no podrán caer en los destinos nefastos". No habrá absolutamente ninguna oportunidad de que tales personas caigan en los tres destinos nefastos. **¡Ananda, ésta es la práctica extremadamente profunda de todos los Budas, la cual es difícil de creer y de comprender!** El actuar de los Budas se fundamenta en una sabiduría extremadamente profunda, a la que las personas comunes encuentran difícil de creer y de comprender.

Debes saber que tu habilidad para creer y **para aceptar esto proviene del imponente poder del Tathāgata, y** no del propio poder de las personas comunes. Es a través de la ayuda del asombroso poder espiritual del Buda que aquellas personas pueden tener una fe tan absoluta. ¿Por qué digo esto? **Ananda, todos los Oidores, los Iluminados en Soledad y los Bodhisattvas que no han ascendido aún a los Suelos (niveles), son incapaces de creer y de entender este Dharma tal como realmente es.** Ni hacer mención de la gente común; incluso quienes han alcanzado el primer, segundo, tercer o cuarto fruto del Arhat, los Pratyekabuddhas y los Bodhisattvas que todavía no han ingresado al Primer Suelo; todos ellos son incapaces de dar origen a tal comprensión y fe genuina. **Solamente los Bodhisattvas destinados a alcanzar la Budeidad en una sóla vida son verdaderamente capaces de entender.** Sólo aquéllos que han alcanzado la posición de Iluminación Ecuánime, los Bodhisattvas que con sólo una vida más alcanzarán la Budeidad, pueden tener tal inquebrantable fe.

Ananda, es difícil obtener un cuerpo humano. Es muy difícil nacer como humanos. **También es difícil tener fe y reverenciar a la Triple Joya.** Es también difícil tener una fe genuina y reverenciar a los Budas, al Dharma y al Sangha. **Aún más difícil es ser capaz de oír el nombre del Honrado por el Mundo, Tathāgata Maestro de la Medicina Luz de Vaiḍūrya.** Es incluso más difícil oír el nombre del Buda Maestro de la Medicina, que realizar lo mencionado previamente".

Nuevamente dijo el Buda: **"Ananda,** debes saber que **el Tathāgata Maestro de la Medicina Luz de Vaiḍūrya posee las ilimitadas prácticas del Bodhisattva.** En sus vidas pasadas cultivó el inmensurable vasto camino del Bodhisattva, empleando **incontables recursos** y realizó **inconmensurables, vastos y grandiosos votos. Podría hablar extensamente acerca de ellos durante** un período de **un eón o más, y el eón** –un largo período– **se acabaría; pero aquellas prácticas del Buda, votos y recursos, ¡no tienen fin!** ¡No se podría terminar de hablar acerca de ellas!"

Nota: fin de la sección explicada por un discípulo.

Sutra:

En aquel momento, un Bodhisattva Mahāsattva llamado El que Rescata y Libera, se levantó de su asiento entre los miembros de la asamblea, descubrió su hombro derecho, se arrodilló sobre su rodilla derecha, e inclinándose hacia adelante con sus palmas juntas dijo al Buda: "¡Gran Virtuoso Honrado por el Mundo! Durante la Era de la Apariencia del Dharma habrá seres vivientes afectados por diversas enfermedades, extenuados por dolencias crónicas, incapaces de comer o de beber, con sus gargantas y labios resecos. Tales seres percibirán que la oscuridad los envuelve mientras los signos de la muerte aparecen. Desde el lecho, rodeados por sus parientes, familiares y amigos que lloran, verán a los mensajeros del rey Yama conduciendo su espíritu ante este Rey de la Justicia. Todo ser sintiente tiene espíritus que permanecen con él a lo largo de su vida entera. Ellos registran cada uno de sus buenos y malos actos para presentarlos ante Yama, Rey de la Justicia. En ese momento, el rey Yama interroga a la persona para establecer el balance de su karma e imponerle el juicio acorde a sus buenos y malos actos.

En ese entonces, si para beneficio de la persona enferma, los parientes y amigos pueden tomar refugio con el Honrado por el Mundo, el Tathāgata Maestro de la Medicina Luz de Vaiḍūrya, y pedir a los miembros del Sangha que reciten este Sutra, que prendan siete filas de lámparas y cuelguen banderas de cinco colores para prolongarle la vida; es posible que su espíritu regrese. Tal como si soñara, la persona verá todo por sí misma, con toda claridad".

COMENTARIO:

Aún si uno hablara durante eones sin fin, difícilmente podría terminar de describir la conducta, los votos y los recursos hábiles del Tathāgata Maestro de la Medicina Luz de Vaiḍūrya.

En aquel momento, un Bodhisattva Mahāsattva, un gran Bodhisattva entre los Bodhisattvas, **llamado El que Rescata y Libera, se levantó de su asiento entre los miembros de la asamblea, descubrió su hombro derecho** y **se arrodilló sobre su rodilla derecha,** demostrando respeto con el cuerpo y con la mente. Él **se inclinó hacia adelante con sus palmas juntas,** con una mente y una actitud de respetuosa sumisión, **y dijo al Buda: "¡Admirablemente Virtuoso Honrado por el Mundo!** Durante **la Era de la Apariencia del Dharma...** Cuando la Era del Correcto Dharma llega a su fin, surge la Era de la Apariencia del Dharma. Durante la Era del Correcto Dharma las personas se destacan por cultivar el samadhi, y muchas alcanzan el nivel de Arhat. En la Era de la Apariencia del Dharma la gente se concentra en hacer imágenes de Buda y en construir templos.

Habrá seres vivientes afectados por diversas enfermedades. Asediados por toda clase de enfermedades, nunca tendrán descanso. **Extenuados por dolencias crónicas, incapaces de comer o de beber, con sus gargantas y labios resecos.** En miseria extrema, reducidos a piel y huesos, son incapaces aun de comer y beber. Sus labios y gargantas están terriblemente resecos, pero ni siquiera pueden beber.

Tales seres percibirán que la oscuridad los envuelve mientras los signos de la muerte aparecen. No ven ninguna luz. En tinieblas y oscuridad completa, tienen el constante presentimiento de que la muerte se acerca. **Desde el lecho, rodeados por sus parientes, familiares** cercanos, **amigos** y buenos consejeros que lloran amargamente, **verán a los mensajeros del rey Yama conduciendo su espíritu ante este Rey de la Justicia. Todo ser sintiente tiene espíritus que permanecen con él a lo largo de su vida entera. Ellos registran cada uno de sus buenos y malos actos para presentarlos ante Yama, Rey de la Justicia.** En aquel momento, el rey Yama convoca también a las almas relacionadas con el moribundo, quien verá todos los actos realizados durante su vida ante él. **Entonces, el rey Yama interroga a la persona,** sometiéndola a juicio **para establecer el balance de su karma,** las ofensas que ha creado, **y para imponerle un juicio acorde** a la severidad de **sus buenos y malos actos.**

En ese momento, si para beneficio de la persona enferma, los padres, **los parientes** cercanos **y amigos pueden,** muy seriamente **tomar refugio con el Honrado por el Mundo, el Tathāgata Maestro de la Medicina Luz de Vaiḍūrya, y pedir a los miembros del Sangha,** personas virtuosas que dejaron la vida de hogar, que mantienen y cultivan los preceptos; **que reciten este Sutra,** el Sutra sobre el Mérito y Virtud de los Votos Originales del Tathāgata Maestro de la Medicina Luz de Vaiḍūrya, **que prendan siete filas de lámparas** -siete lámparas en cada fila, en total cuarenta y nueve lámparas- **y cuelguen banderas** espirituales **de cinco colores para prolongar la vida** del enfermo. **Entonces es posible que su espíritu regrese.** Si se reúne tal asamblea del Dharma, su alma será capaz de retornar. **Tal como si soñara, la persona verá todo por sí misma, con toda claridad.** Por sí misma ve y recuerda esta clase de estados.

SUTRA:

"Si su espíritu retorna luego de siete, veintiún, treinta y cinco o cuarenta y nueve días; sentirá como si hubiera despertado de un sueño y recordará las retribuciones que debió sobrellevar debido a su buen y mal karma. Habiendo atestiguado personalmente las retribuciones de su propio karma, evitará por siempre hacer el mal, aun si expusiera su vida a un peligro. Por ello, los buenos hombres y mujeres de fe pura deberán aceptar y mantener el nombre del Tathāgata Maestro de la Medicina Luz de Vaiḍūrya, y acorde a sus capacidades, adorarlo y ofrendarlo".

COMENTARIO:

Si su espíritu retorna luego de siete, veintiún, treinta y cinco o cuarenta y nueve días. Sus amigos y parientes recitan el Sutra o se prosternan en arrepentimiento, con la esperanza de recuperar el alma que ahora yace en el reino del rey Yama. Luego de una, tres, cinco, o siete semanas de haber recitado o de haber realizado el arrepentimiento, el alma de aquella persona puede retornar. El tiempo que lleve este proceso no es fijo. Cuando el alma regrese, **la persona sentirá como si hubiera despertado de un sueño, y recordará las retribuciones que debió sobrellevar debido a su buen y mal karma.** Recordará todo aquello que vivenció –su buen y mal karma, y las retribuciones correspondientes–.

Habiendo atestiguado personalmente las retribuciones de su propio karma, evitará por siempre hacer el mal, aun si expusiera su vida a un peligro. Ha visto personalmente que por cada ofensa creada bajo un estado de confusión, debió sufrir la retribución correspondiente. Por lo tanto, incluso si su vida estuviera en peligro, no volvería a cometer ninguna ofensa grande ni pequeña. En el futuro no volverá a crear mal karma.

Por ello, los buenos hombres y mujeres de fe pura, y todos los seres vivientes en general, **deberán aceptar y mantener el nombre del Tathāgata Maestro de la Medicina Luz de Vaiḍūrya,** recitando su nombre, **y acorde a sus capacidades,** a la mayor de sus fuerzas y habilidades, **deberán adorarlo y ofrendarlo.**

SUTRA:

En ese momento, preguntó Ananda al Bodhisattva que Rescata y Libera: "Buen hombre, ¿cómo deberíamos adorar y ofrendar al Honrado por el Mundo, Tathāgata Maestro de la Medicina Luz de Vaiḍūrya, y cómo deberíamos preparar las banderas y lámparas para la prolongación de la vida?"

El Bodhisattva que Rescata y Libera le respondió: "Hombre de gran virtud, en nombre de la persona enferma que desea ser liberada de su enfermedad y de su sufrimiento, uno debe aceptar y mantener los ocho preceptos durante siete días y siete noches, y ofrendar a los bhikṣus del Sangha con vastas muestras de comida, bebida y de tantos elementos necesarios como uno pueda dar.

Durante los seis períodos del día y de la noche uno debe adorar, practicar el Camino y realizar ofrendas al Honrado por el Mundo, Tathāgata Maestro de la Medicina Luz de Vaiḍūrya. Se debe leer y recitar este Sutra cuarenta y nueve veces, encender cuarenta y nueve lámparas, y hacer siete imágenes de este Tathāgata. Se deben colocar siete lámparas grandes como la rueda de un carro, frente a cada una de ellas. Estas lámparas deben arder continuamente durante cuarenta y nueve días. Se colgarán banderas de cinco colores que midan un metro (cuarenta y nueve palmos) de largo. Se liberará una variedad de criaturas vivientes, tantas como cuarenta y nueve especies. Entonces el enfermo podrá superar el peligro, no sufrirá una muerte prematura, ni será dominado por los fantasmas perversos".

COMENTARIO:

En ese momento, Ananda todavía estaba un poco confundido, por eso **preguntó al Bodhisattva que Rescata y Libera: "Buen hombre, ¿cómo deberíamos adorar y ofrendar al Honrado por el Mundo, Tathāgata Maestro de la Medicina Luz de Vaiḍūrya, y cómo deberíamos preparar las banderas y las lámparas para la prolongación de la vida?"** ¿Cuáles son las lámparas y las banderas que prolongan la vida? ¿Cuál es el significado de las siete hileras de lámparas? ¿Cómo se deben ubicar y encender las lámparas? ¿Cómo deberían prepararse las banderas para que puedan prolongar la vida?

El Bodhisattva que Rescata y Libera respondió a Ananda: **"Hombre de gran virtud, si** en el futuro hay en el mundo Sahā

una persona enferma que desea ser liberada de todas **sus enfermedades y sufrimientos, en su nombre uno debe aceptar y mantener los ocho preceptos durante siete días y siete noches, ofrendando a los bhikṣus del Sangha con vastas muestras de comida, bebida y de tantos elementos necesarios como uno pueda dar".** Realicen ofrendas de acuerdo a sus posibilidades.

Durante los seis períodos del día y de la noche uno debe prosternarse **en honor** al Buda Maestro de la Medicina, y **practicar el Camino** recitando el Sutra sobre el Mérito y Virtud de los Votos Originales del Tathāgata Maestro de la Medicina Luz de Vaiḍūrya, asistiendo al Arrepentimiento del Buda de la Medicina, y demás. **Y** con suma sinceridad uno debe **ofrendar al Honrado por el Mundo, Tathāgata Maestro de la Medicina Luz de Vaiḍūrya** con lo que uno pueda. **Se debe leer y recitar este Sutra cuarenta y nueve veces, encender cuarenta y nueve lámparas, y hacer siete imágenes de este Tathāgata.**

Frente a cada imagen se debe colocar una ofrenda de **siete lámparas, cada una tan grande como la rueda de un carro**. Puesto que hay siete imágenes, se requieren cuarenta y nueve lámparas. ¿Qué tan grandes son? Pueden ser grandes o pequeñas, el tamaño no es fijo. Lo más importante es tener sinceridad. **Estas** cuarenta y nueve **lámparas deben arder continuamente durante cuarenta y nueve días.** No se debe sacar ninguna de las lámparas. Se debe renovar con frecuencia el aceite de las lámparas para asegurarse de que éstas permanezcan encendidas.

Se colgarán banderas de cinco colores que midan un metro (cuarenta y nueve palmos) de largo. Las banderas deber llevar materiales de cinco colores diferentes. Se **liberará una variedad de criaturas vivientes, tantas como cuarenta y nueve especies.** Las banderas exhibirán una variedad de criaturas, tales como las doce clases de seres. En las banderas se pintarán y bordarán muchas especies de seres, debe haber cuarenta y nueve especies o aun más. **Entonces el enfermo podrá superar el peligro, no sufrirá una muerte prematura ni será dominado por los fantasmas perversos.** No volverá a exponer su vida a un peligro: no será poseído por enemigos, por fantasmas ofendidos, ni por fantasmas que capturan a "víctimas para reemplazar", u otra clase de fantasmas malignos. No sufrirá ninguna de las muertes prematuras: por ahogo, en un incendio, en un choque automovilístico, por una caída de avión, por el descarrilamiento de un tren, en un naufragio; y demás.

En el Budismo los principios tienen lógica y sabiduría, y se los debe respetar. Por el contrario, ciertas religiones utilizan razonamientos defectuosos que mantienen a las personas en la ignorancia y no les brindan información para evitar que rechacen sus principios, y para que no generen cuestionamientos.

El Budismo proviene de una clase de sabiduría colectiva. La

sabiduría es coincidente con la verdad, y todo aquello que no coincida con la verdad, no se debe practicar. Los principios que investigamos no nos son impuestos con el propósito de que permanezcamos en la ignorancia y en la falta de información. Por ello, todos tienen el derecho de hablar. Mediante nuestra sabiduría, podremos distinguir cuáles son las doctrinas correctas y cuáles no lo son. Es necesario tener la Visión Selectiva del Dharma para poder juzgar por uno mismo sin seguir a la opinión ajena; debemos desarrollar nuestra propia sabiduría. Cada persona debe abrir su "mina de sabiduría", descubrir su sabiduría genuina.

La sabiduría de cada Buda es igual, y cada Sutra discute los mismos principios básicos. En este Sutra se indica que se puede recitar el Sutra y también se puede ayudar a que una persona enferma se reponga. Si se lo recita en beneficio de un muerto, el alma de aquella persona obtendrá una pequeña porción de mérito y virtud, y quien lo recita obtendrá una porción más grande. El espíritu del muerto puede obtener mérito y virtud debido a que este Sutra fue hablado por el Buda, y por ello tiene un poder inconcebible, tan grande que ni siquiera la ciencia puede comprenderlo.

¿Cuál es el mérito y virtud de aquél que recita este Sutra, y cuáles son los beneficios? Los beneficios son muchos. Al recitar este Sutra, la mente se abre y se rompen los apegos. En sí, el romper con los apegos conlleva ilimitado mérito y virtud. Y ello se debe a que los apegos causan confusión y crean ofensas, sufriendo en consecuencia una retribución. Ni bien se rompe con las ataduras, se eliminan todas las ofensas. Por ello el Buda habló tanto este Sutra como todas las otras enseñanzas, con el fin de que uno corte con los apegos. Incluso el menor rastro de apego constituye una dificultad para alcanzar la liberación; pero eliminando ese minúsculo rastro, se obtiene la liberación e ilimitado mérito y virtud.

Pueden alentar a sus amigos y parientes a que tomen refugio en el Tathāgata Maestro de la Medicina Luz de Vaiḍūrya, pero al no ser miembros del Sangha, ustedes no pueden transmitirles los Tres Refugios. Para aprender del Buda, uno debe estudiar y tomar refugio en el Dharma. Para estudiar el Dharma, uno debe tomar refugio en el Sangha. Los Sutras exponen muy claramente que se debe requerir de un miembro del Sangha para que realice las ceremonias, incluyendo la toma de refugio en el Buda Maestro de la Medicina. Se debe actuar con sinceridad en el acto de tomar refugio, no se lo debe considerar un acto corriente, como el alimentarse o el vestirse –hábitos que realizamos sin prestarles mayor atención–. Para estudiar el Dharma deben ser respetuosos.

El Dharma es transmitido por el Sangha. Cuando el Buda entró al nirvāṇa dejó el Dharma en el mundo, confiándoselo al

Sangha. Por ello, quien desee tomar refugio en el Tathāgata Maestro de la Medicina Luz de Vaiḍūrya, debe requerir formalmente y con suma sinceridad que un miembro del Sangha lleve a cabo la ceremonia. Pero no actúen con descuido, diciendo simplemente: "Ah, yo puedo tomar refugio por mí mismo". Antes de graduarse y de recibir un diploma, hay que ir a la escuela y asistir a las clases. Quien estudie en su propia casa, por sí mismo, no podrá recibir el diploma de la escuela.

Discípulo: El Sutra dice: "Liberar una variedad de criaturas vivientes, tantas como cuarenta y nueve especies". ¿Se está refiriendo a las criaturas que la gente come?

Venerable Maestro: ¿Hay alguna especie de seres vivientes no sujeta al consumo humano? ¿No comen los humanos gatos? Actualmente muchas personas comen carne de gato. ¿No comen los humanos ratas ? Hay también mucha gente que come ratas. ¿No comen hormigas los humanos? ¡Ahora la gente come hormigas en lata! Díganme: ¿qué ser viviente no comen los humanos?

Discípulo: Estoy muy contento de leer que a través del mérito de este Sutra puede regresar el alma de una persona que ya ha perdido la conciencia y que está frente al rey Yama. En el Cristianismo y otras religiones hay también casos en los que el alma deja el cuerpo y luego retorna con un recuerdo muy claro de todo lo que le sucedió. Ellos "explican" tales fenómenos como milagros de Dios, y dicen que quienes no creen en Dios irán definitivamente al infierno. Sostienen que los creyentes irán al cielo incluso si pecan, mientras que los no creyentes irán al infierno aun si hacen el bien. Estos argumentos totalmente ilógicos han confundido a muchas personas. Realmente me alegra leer este Sutra porque ofrece una explicación muy lógica, sin ningún ocultamiento.

Venerable Maestro: Su punto de vista es correcto. El Budismo alienta a las personas a realizar preguntas y a resolver sus dudas. No es una religión despótica que suprime las preguntas diciendo: "Ésta es la voluntad de Dios, o ésta es la voluntad de Buda, no deben preguntar acerca de eso". Esta respuesta carece de sentido. El Buda alentó a que la gente haga preguntas. La gente no debe vivir confundida toda su vida, y los estudiantes de Budismo deben ser cada día más inteligentes y cultos. No sean supersticiosos ni crean en todo lo que oigan. Habrá estudiado en vano quien no desarrolla la Visión Selectiva del Dharma –la sabiduría genuina que distingue el Dharma de aquello que no es el

Dharma-. Cuanto más estudien Budismo, más deberán comprender. Reconozcan la verdad y abran la "mina de sabiduría".

SUTRA:

"Más aún, Ananda, en el caso de los príncipes *kṣatriyas* que deban ser ungidos en la coronilla de sus cabezas, si surgieran calamidades tales como un pueblo arrasado por la peste, la invasión de países extranjeros, la rebelión dentro de sus territorios, cambios inusuales en las estrellas, eclipses lunar o solar, vientos y lluvias fuera de temporada o sequías prolongadas; estos príncipes *kṣatriyas* deberán generar una actitud de compasión hacia todos los seres sintientes, concediendo amnistía a todos los prisioneros. Deberán seguir los métodos previamente mencionados para ofrendar a este Honrado por el Mundo, Tathāgata Maestro de la Medicina Luz de Vaiḍūrya. Debido a estas buenas raíces y al poder de los votos originales de este Tathāgata, el país estará seguro y en paz, los vientos y lluvias serán favorables, las cosechas madurarán, y todos los seres sintientes serán bendecidos y estarán libres de enfermedades. En aquel país no habrá violencia ni *yakṣas* u otros espíritus que dañen a los seres sintientes, y todos los malos presagios desaparecerán".

Comentario:

El mérito y virtud de este Sutra es inconcebible. Los desastres y los fantasmas malignos no podrán dañar a quienes lo reciten. **Más aún, Ananda, en el caso de los príncipes kṣatriyas que deban ser ungidos en la coronilla de sus cabezas...** Los kṣatriyas (la clase guerrera) y los brahmanes (la clase sacerdotal), pertenecían a las clases más altas en la antigua estructura de clases de la India. Entre los kṣatriyas había príncipes coronados que eran ritualmente ungidos en la coronilla de sus cabezas cuando llegaban a ser Reyes.

Si surgieran calamidades. Puede haber calamidades **tales como** sequías, diluvios, incendios, graves tormentas de viento, **un pueblo arrasado por la peste,** por epidemias de langostas o por enfermedades infecciosas mortales, **la invasión de países extranjeros o la rebelión en sus territorios.** Puede haber grupos subversivos trabajando en contra del Gobierno.

Puede haber **cambios inusuales en las estrellas,** tales como estrellas anormalmente grandes, de apariencia extraña, estrellas en desintegración o cometas cercanos a la Tierra. Tales aberraciones estelares causan guerras, diluvios, incendios, epidemias y otros desastres en el mundo.

Un eclipse lunar o solar. Sin razón aparente, el sol o la luna desaparecen de la visión a causa de un eclipse. La luz del sol o la serena y refrescante luz de la luna llena desaparecen, dejando un tinte rojizo. El sol aparenta enfriar y la fresca luna aparenta calentar. Éstos son también fenómenos anormales.

Vientos y lluvias fuera de temporada. Las lluvias y los vientos llegan inesperadamente. Las lluvias son torrenciales y los vientos son huracanes que arrasan los techos de las casas. **O sequías prolongadas.** Puede haber grandes diluvios o sequías frecuentes.

Ante tales desastres, **estos príncipes kṣatriyas** que serán ungidos como Reyes, deberán arrepentirse profundamente. Deben tomar el ejemplo del rey Tang de la dinastía Shang 商湯王, que dijo: "Yo, Lu, sólo soy un pequeño niño, y ofrezco un toro negro al Supremo Señor Soberano, pidiéndole que si he cometido ofensas, que éstas no recaigan sobre mi pueblo. Si la gente de mi pueblo ha cometido ofensas, que ellas recaigan sobre mí". El Rey se adjudicaba la culpa de los crímenes cometidos por los habitantes de su pueblo, porque consideraba no haberlos instruido correctamente. Apelando al Cielo, el rey Tang reconoció sus propios errores.

Aquellos que serán consagrados como Reyes **deberán generar una actitud de compasión hacia todos los seres sintientes.** Deben reflexionar: "¿Por qué suceden estos desastres? Debe ser porque carezco de compasión". Luego ellos deben **conceder amnistía a todos los prisioneros,** incluyendo a aquellos sentenciados a muerte. **Deberán seguir los métodos** previamente **mencionados para ofrendar a este Honrado por el Mundo, Tathāgata Maestro**

de la Medicina Luz de Vaiḍūrya.

Debido a estas buenas raíces obtenidas al realizar ofrendas al Tathāgata Maestro de la Medicina Luz de Vaiḍūrya **y al poder de los votos originales de este Tathāgata, el país estará seguro y en paz,** libre de disturbios, y **los vientos y las lluvias serán oportunos.**

Un verso describe:

"Sólo un viento cada cinco días,
y una lluvia cada diez días.
El viento no agita las ramas,
y la lluvia no desarma los bloques de tierra".

El viento sopla, pero las ramas de los sauces no silban. La lluvia no desarma la tierra, es una fina llovizna.

Hay otro verso:

"La fina llovizna cubre a las calles de un brillo oleoso.
A la distancia aparenta ser césped,
pero de cerca nada hay allí.
El mejor tiempo del año es la primavera:
vistas espléndidas de sauces brumosos por toda la capital".

La fina llovizna, comparada al aceite, humedece la miríada

de plantas, que prosperan con exhuberancia. Es una lluvia tan suave que no llega a desarmar los bloques de tierra. Por el contrario, una tormenta violenta deja a las casas sin techo, desprende las raíces de los árboles, y causa daño a la gente.

Los vientos y las lluvias llegarán a tiempo, **y las cosechas madurarán.** Habrá cosechas abundantes de todos los varios granos. **Y todos los seres sintientes serán bendecidos y estarán libres de enfermedades. En aquel país no habrá violencia.** En esa tierra se desconocerán los asesinatos, los incendios premeditados, los robos y otros crímenes violentos. Infelizmente, ahora suceden tales hechos porque hemos nacido en una época violenta. Nuestras vidas están asediadas por el miedo y la inseguridad.

Ni **yakṣas u otros espíritus que dañen a los seres sintientes.** Los **yakṣas** son "fantasmas veloces". No habrá fantasmas malignos o espíritus que causen inconvenientes, **y todos los malos presagios desaparecerán.**

SUTRA:

"Los príncipes *kṣatriyas* destinados a ser ungidos en la cima de sus cabezas disfrutarán de vidas más largas y de buena salud, siendo aliviados y liberados de las enfermedades. Ananda, las Reinas, los Príncipes, los Ministros o los Consejeros de la Corte, las mujeres del Palacio, los Oficiales de las provincias o las personas comunes que sufren de enfermedades o de otras dificultades, también deberán colgar banderas espirituales de cinco colores, encender lámparas y mantener las luces encendidas; deberán liberar a criaturas vivientes, esparciendo flores de diversos colores y quemando fragantes inciensos. Entonces esas personas serán curadas de sus enfermedades y aliviadas de sus dificultades".

Luego Ananda preguntó al Bodhisattva que Rescata y Libera: "Buen hombre, ¿cómo puede ser prolongada una vida que ha llegado a su fin?"

El Bodhisattva que Rescata y Libera le respondió: "Admirablemente Virtuoso, ¿no has oído acaso decir al Tathāgata que hay nueve clases de muerte a destiempo? Es por ello que se exhorta a que las personas confeccionen lámparas y banderas para la prolongación de la vida, y a que cultiven toda clase de bendiciones. A través del cultivo de las bendiciones mencionado, serán liberadas del sufrimiento y de la adversidad por el resto de sus vidas".

COMENTARIO:

Los príncipes kṣatriyas destinados a ser ungidos en la coronilla de sus cabezas disfrutarán de vidas más largas y de buena salud, siendo aliviados y liberados de las enfermedades. Ananda, las Reinas, los Príncipes, los Ministros o los Consejeros de la Corte, las mujeres del Palacio, los Oficiales de las provincias o las per-

sonas comunes que sufren de enfermedades o de otras dificultades, también deberán colgar banderas espirituales de cinco colores, y como ofrenda, deberán **encender** cuarenta y nueve **lámparas, manteniendo las luces encendidas** delante de siete estatuas del Buda Maestro de la Medicina. **Deberán liberar a criaturas vivientes,** a aquellas destinadas a la matanza.

También deben **esparcir flores de diversos colores** como ofrenda a aquel Buda, **y quemarán fragantes inciensos,** como el de la madera de aloe y el incienso especial de la madera de chandana, proveniente de la montaña Cabeza de buey. **Entonces esas personas serán curadas de sus enfermedades y aliviadas de sus dificultades.**

Deseando solicitar más Dharma para el beneficio de los seres vivientes, Ananda luego **preguntó al Bodhisattva que Rescata y Libera: "Buen hombre, ¿cómo puede ser prolongada una vida que ha llegado a su fin?** ¿Cómo es posible que una persona en agonía pueda extender su vida, recuperando nuevamente la salud? ¿Cuál es el principio subyacente? No comprendo".

El Bodhisattva que Rescata y Libera le respondió: "Admirablemente Virtuoso, ¿no has oído acaso decir al Tathāgata que hay nueve clases de muerte a destiempo? ¿No has oído al Buda explicar que hay nueve clases de muerte causadas por accidentes y desastres? Como tú lo has oído, sabrás que **por ello** en los Sutras budistas **se exhorta a que las personas confeccionen banderas** espirituales de cinco colores **y** cuarenta y nueve **lámparas** espirituales **para la prolongación de la vida, y a que cultiven toda clase de bendiciones. A través** del mérito y virtud **del cultivo de las bendiciones mencionado, serán liberadas del sufrimiento y de la adversidad por el resto de sus vidas.** No sufrirán ninguna de las nueve clases de muerte a destiempo".

SUTRA:

Ananda preguntó: "¿Cuáles son las nueve clases de muerte a destiempo?"

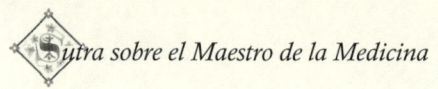

El Bodhisattva que Rescata y Libera dijo: "Puede haber seres vivientes que aun no estando seriamente enfermos, estén desprovistos de medicinas o de un médico que los trate, o puede ser que encuentren a un médico que les proporcione una medicina incorrecta, y en consecuencia mueran a destiempo. Algunos de ellos creen en cultos mundanos, cuyos maestros desviados los atemorizan con falsas profecías. Incapaces de aliviar sus mentes, consultan oráculos para averiguar las calamidades que les están reservadas. Con el fin de propiciar los espíritus, ellos matan distintas clases de criaturas e invocan la ayuda y protección de los fantasmas *wan liang* 魍魎. Si bien desean prolongar sus vidas, sus esfuerzos resultan en vano. Engañados, se aferran a creencias erróneas y a puntos de vista perversos. Es así como encuentran una muerte a destiempo y caen en los infiernos para nunca salir de ellos. Ésta es la primera clase de muerte a destiempo".

Comentario:

Luego de oír la respuesta del Bodhisattva, **Ananda** dijo: "Si bien lo he oído con anterioriodad, ¿no me lo explicaría nuevamente, pero más en detalle? Así los seres vivientes del futuro también podrán oír la explicación". Él **preguntó: "¿Cuáles son las nueve clases de muerte a destiempo?"**

El Bodhisattva que Rescata y Libera dijo: "Puede haber seres vivientes que aún no estando seriamente enfermos –padeciendo sólo de un resfrío ligero, tos o de alguna otra dolencia menor–, **que estén desprovistos de medicinas o de un médico que los trate, o que encuentren a un médico que les proporcione una medicina incorrecta, y a consecuencia mueran a destiempo.** Tal vez el médico resulte ser un curandero que les prescribe una medicina incorrecta, ocasionándoles la muerte, o acaso prescriba una medicación ocular para una dolencia gástrica, o píldoras para el dolor de cabeza en el caso de un dolor de garganta. O tal vez dé una inyección equivocada o realice una cirugía inadecuada; y así mueran antes de tiempo.

Algunos de ellos creen en cultos mundanos, cuyos maestros

desviados los atemorizan con falsas profecías. Creen en adivinos, astrólogos, geománticos, y otros. En realidad, los líderes de tales cultos desviados son demonios, fantasmas y duendes que intentan de asustar a las personas con falsas predicciones: "Es preferible que durante cien días no salga de su casa, ¡podría tener un accidente automovilístico!" "Su esposo tiene otra mujer, ¿no lo sabía?" Causándoles un trastorno emocional, luego les dicen: "si me paga docientos mil pesos le solucionaré su problema".

Incapaces de aliviar sus mentes, consultan oráculos para averiguar las calamidades que les están reservadas. Consultan a adivinos: "¿Tendré algún problema con mi fortuna?" "¡Ningún problema! Son trecientos dólares, por favor" –dice el adivino. ¡Ah! ¡Trecientos dólares y sus problemas estarán resueltos!

Con el fin de propiciar los espíritus, ellos matan diversas criaturas. Dice el adivino: "Sacrifique un gato o siete ratas, y luego le informaré de sus profundos méritos al rey Yama, quien perdonará su ofensa".

Invocan la ayuda y protección de los fantasmas wan liang. Buscando protección y longevidad, rezan a los fantasmas con cabeza de buey o con cara de caballo, **chi魑, mei魅, y wang liang** 魍魎, pero en realidad estos fantasmas los protegen ¡haciéndolos morir más temprano!

Si bien desean prolongar sus vidas, sus esfuerzos resultan en vano. Rezan en vano a estos fantasmas. **Engañándose, se aferran**

a creencias incorrectas y a puntos de vista perversos. ¡No es más que superstición! Están confundidos y son extremadamente estúpidos, carecen de toda sabiduría.

Es así como encuentran una muerte a destiempo y caen en los infiernos para nunca salir de ellos. Esperando vivir más tiempo, sólo aceleran su muerte. Luego de morir, caerán para siempre en los infiernos por tener creencias sumamente desviadas, y por desear prolongar sus vidas a expensas de las de otros. **Ésta es la primera clase de muerte a destiempo.**

SUTRA:

"La segunda clase de muerte a destiempo es la ejecutada en manos de la ley. La tercera clase es la caza como deporte, el entregarse a la bebida y a la lujuria, o el disiparse en exceso, siendo uno luego abordado por seres no-humanos que roban la propia esencia y energía. La cuarta es morir quemado; la quinta es morir ahogado; la sexta es ser devorado por bestias salvajes; la séptima es caer de un acantilado escarpado; la octava es ser envenenado o injuriado por vudú, por mantras perversos o por fantasmas que levantan cadáveres; la novena es morir de hambre y sed. Éstas son las nueve clases de muerte a destiempo de las que generalmente habla el Tathāgata. Hay también otras innumerables clases que no pueden ser totalmente descriptas aquí".

COMENTARIO:

La segunda clase de muerte a destiempo es la ejecutada en manos de la ley. Los oficiales que aplican la ley pueden arrestar a una persona sin molestarse en determinar si los cargos contra aquella son verdaderos. Luego se la mata sin considerar si cometió o no el crimen. Ésta es una clase de retribución.

La tercera clase es la caza como deporte. Los cazadores disparan sobre venados, aves u otros animales como deporte, tratando a los animales como juguetes. Algunas personas se **entregan a la bebida y a la lujuria,** actuando en forma promiscua e indecente. Quienes manejan autos bajo la influencia de tóxicos se arriesgan a perder la vida en un accidente automovilístico, que también constituye una clase de muerte a destiempo.

O alguno puede **disiparse en exceso,** e incapaz de controlarse, va más allá de los límites de la conducta apropiada, y **luego es abordado por seres no-humanos que roban la propia esencia y energía.** Estos seres no-humanos: los fantasmas **li, mei, y wan liang**, los duendes, demonios, los duendecillos de colinas y ríos, y otros seres extraños consumen la esencia y energía de las personas como si fueran vitaminas. Estos seres rebeldes e inescrupulosos despojan a otros de su esencia para prolongar sus propias vidas. Ésta es la tercera clase de muerte a destiempo.

La cuarta es morir quemado en un gran incendio. Tal vez nuestra propia casa se incendie.

La quinta es morir ahogado; la sexta es ser devorado por bestias salvajes. Puede ser que uno sea desgarrado en partes por lobos, tigres o cocodrilos, picado por una serpiente, o tragado por una ballena.

La séptima es caer de un acantilado escarpado y estrellarse contra las rocas.

La octava es ser envenenado o injuriado por vudú, por mantras perversos o fantasmas que levantan cadáveres. Hay un embrujo en el que se confecciona un muñeco de paja que contiene en su interior un papel con la fecha, hora y día del nacimiento de la víctima, y durante un período de cien días se disparan flechas al muñeco; pasado entonces ese lapso la víctima muere. Hay mantras malignos que pueden ser utilizados para enloquecer a la víctima, que luego intenta el suicidio. También hay mantras que incitan a los fantasmas a levantar cadáveres y a caminar de noche. En la octava clase de muerte a destiempo, la persona es asesinada mediante veneno, hechizos, mantras secretos, y otros.

La novena es morir de hambre y sed. Hay quienes sufren de sed o de inanición y a causa de ello, pasado un tiempo mueren.

Éstas son las nueve clases de muerte a destiempo de las que generalmente habladas por el Tathāgata. Hay también otras innumerables clases que no pueden ser totalmente descriptas aquí. Sería difícil explicar todos los tipos de accidentes y desastres.

En este mundo hay muchas personas que sufren las nueve clases de muerte a destiempo, y ello se debe a que descuidaron el sembrar buenas causas. Por ejemplo, alguno toma una medicina incorrecta en esta vida porque ha envenenado a otro en su vida previa. Si en su vida pasada alguien sembró la mala causa de engañar a otros, en esta vida puede morir por tomar una medicina incorrecta, por recibir un disparo por error, por ir a una cirugía equivocada o algún otro accidente.

La segunda clase de muerte a destiempo es ser ejecutado en manos de la ley. En teoría, la ley debe ser justa e imparcial, pero sucede a veces que las personas son condenadas y sentenciadas a muerte sin ninguna justificación.

La tercer clase de muerte es la que concierne a la caza. Cuando los cazadores van al bosque, las aves y los otros animales saben que sus vidas peligran, pero no pueden escapar. ¿Cómo podemos ser testigos de esas crueles muertes y aún considerar que la caza es un deporte? ¿Cómo se puede justificar el tomar la vida de otras criaturas para nuestra propia diversión? Cuando la gente se complace con la bebida y con la perversión, sus naturalezas se tornan confusas, momento en el cual los seres no-humanos son atraídos hacia ellos para robarles su energía y esencia, les roban su 'combustible'.

En la cuarta clase, uno muere quemado vivo por haber disfrutado de asar carne en sus vidas pasadas. Si ustedes asan a otros, ¡habrá otros que los asarán a ustedes!

La quinta clase es morir ahogado, retribución recibida por haber ahogado a otros seres en vidas pasadas. Por ejemplo, acaso hayan ahogado hormigas. Tal vez en el pasado ustedes me hayan ahogado a mí, ¡esta minúscula hormiga! Como retribución por ahogar a otros, ¡pasan por la misma situación! Tragarán agua hasta que su vientre se hinche como un tambor, y entonces morirán.

La sexta clase de muerte a destiempo es ser devorado por bestias salvajes. Tal es la retribución para corazones crueles que degustan 'delicadezas' tales como carne de zorro, cerebros de monos, zarpas de osos quemadas al fuego, o peces vivos que aún se agitan en el aire. Estos gastrónomos comieron aquellos seres con gran deleite, y ahora los animales devoran su carne comentando: "Mmm... ¡exquisito! La carne es bastante sabrosa y su sangre no está mal". Los animales luchan por la carne de los gastrónomos, haciendo de ellos una fiesta.

La séptima clase de muerte es la caída desde un acantilado escarpado, retribución tal vez recibida por haber robado a otros en vidas pasadas. Acaso piensen que robarle a alguien una billetera no es suficiente, y entonces lo empujen de un acantilado. Tuve algunos compañeros de clase que fueron empujados de un acantilado durante sus días de escuela. Afortunadamente ellos creían en el Buda, y no cayeron hasta la base, pudiendo escalar nuevamente.

La octava clase es morir por veneno, vudú, mantras perversos o fantasmas que levantan cadáveres. Quienes en vidas previas planearon envenenar a otros, o controlarlos mediante hechizos, son envenenados o hechizados en esta vida. Tal como es la causa, así será el efecto. Cada tipo de karma produce su retribución correspondiente. En la práctica de brujería, el muñeco representa a la víctima, y puede recibir disparos de flechas, ser quemado o enterrado como símbolo de la muerte designada para la víctima. El muñeco puede contener hebras del cabello de la víctima, o un fragmento de sus uñas, o un papel con los datos de su nacimiento. Quienes emplean mantras para comandar a los fantasmas que levantan cadáveres, les dicen: "Esta noche deben caminar ciento sesenta kilómetros. Estaré esperándolos en tal lugar". Controlados por el mantra, los cadáveres obedecen caminando como una persona viva los ciento sesenta kilómetros.

La novena clase es morir de hambre, sed, frío o calor. En tiempos de hambre, las personas famélicas ríen con histeria como diciendo: "¿Me están viendo? Estoy sufriendo la retribución por haber matado de hambre a seres vivientes en el pasado. ¡No sigan mi ejemplo!"

La ley de causa y efecto no falla bajo ninguna circunstancia. No hay ninguna injusticia en las muertes 'accidentales', ellas son simplemente la retribución recibida por el mal karma del pasado, tal como lo establece la ley de causa y efecto.

Sutra:

"Es más, Ananda, el rey Yama gobierna el mundo y mantiene los registros kármicos de todos sus habitantes. A aquellos seres que no guardan respeto filial, que cometen los Cinco actos de rebelión, que injurian a la Triple Joya, que destruyen las leyes del país o que quiebran los preceptos de veracidad, Yama, el Rey de la Justicia, los examina y castiga de acuerdo a la severidad de sus ofensas. Por lo tanto, insto a las personas a encender lámparas y a confeccionar banderas para liberar a los seres, y a que cultiven las bendiciones para superar el sufrimiento y el peligro, previniendo toda clase de desastres".

En aquel momento, en la asamblea estaban presentes doce grandes Generales *yakṣas*. Ellos eran el General Kumbhīra, el General Vajra, el General Mihira, el General Aṇḍīra, el General Majira, el General Saṇḍīra, el General Indra, el General Pajra, el General Makuram, el General Sindura, el General Catura y el General Vikarala.

Simultáneamente, estos doce grandes Generales *yakṣas*, cada uno con un séquito de siete mil *yakṣas*, alzaron sus voces dirigiéndose al Buda: "¡Honrado por el Mundo! ¡Hoy, por haber confiado en el asombroso poder del Buda, nosotros fuimos capaces de oír el nombre del Honrado por el Mundo, Tathāgata Maestro de la Medicina Luz de Vaiḍūrya! Como resultado, los destinos perversos no ya nos causan más temor. Todos nosotros tenemos el sólo pensamiento de tomar refugio en el Buda, el Dharma y el Sangha hasta el fin de nuestras vidas. Realizamos el voto de mantener a todos los seres vivientes y de beneficiarlos para que puedan vivir una vida en paz y felicidad. En cualquier ciudad, aldea, país o bosque alejado por el cual este Sutra circule, o dondequiera que las personas acepten y mantengan el nombre del Tathāgata Maestro de la Medicina Luz de Vaiḍūrya, lo veneren y ofrenden; junto a nuestros séquitos, nosotros los vigilaremos y protegeremos, los aliviaremos de todo malestar, y se cumplirán todos sus deseos. Para disipar las enfermedades y dificultades se deberá leer o recitar este Sutra y atar hilos de cinco colores en nudos que formen las letras de nuestros nombres. Se desatarán los nudos cuando los deseos se hayan cumplido".

COMENTARIO:

"Es más, Ananda, el rey Yama gobierna el mundo y mantiene los registros kármicos de todos sus habitantes. Tanto en el reino de los vivos como en el mundo inferior. **A aquellos seres que no guardan respeto filial,** que cometen los Diez malos actos y se equivocan en la práctica de los Diez buenos actos, **o que cometen los Cinco actos de rebelión...** Los Cinco actos de rebelión son:

1- Matar a nuestro padre.

2- Matar a nuestra madre.

3- Matar a un Maestro (acharya).

4- Destruir la armonía del Sangha.

5- Derramar la sangre de un Buda.

Ahora saben que matar a su Maestro es un acto de rebelión, ¡por ello estoy seguro de que no se atreverán a matarme! El tercer acto de rebelión en ocasiones se homologa a matar a un Arhat –el Arhat es justamente nuestro Maestro–. Si los miembros del Sangha conviven en el monasterio pacífica y felizmente, y ustedes llegan allí para quebrar la armonía, estarán 'destruyendo la armonía del Sangha'.

'Derramar la sangre de un Buda' incluye la destrucción de estatuas e imágenes de Budas y de Bodhisattvas. Si intencionalmente rompen una estatua de Buda, también estarán derramando la sangre de un Buda. Si no fue intencional no se lo considera un acto de rebelión, no deben asustarse pensando que caerán en los infiernos.

Que injurian a la Triple Joya. Se calumnia a la Triple Joya al decir: 'El Buda fue supersticioso y también lo son sus seguidores. Los miembros del Sangha realmente no cultivan o mantienen los preceptos. No crean en los Sutras, no son textos auténticos'.

Que destruyen las leyes del país o que violan los preceptos de veracidad. Hay personas que incitan a otras a mentir y a quebrar los preceptos, '¿Por qué ser honestos? Si uno puede estafar y luego escapar, ¡adelante!'

Entonces Yama, el Rey de la Justicia, los examina y castiga de acuerdo a la severidad de sus ofensas. El rey Yama verifica si realmente ellos han cometido aquellas ofensas, y luego los castiga.

Por lo tanto, insto a las personas a encender cuarenta y nueve **lámparas y a confeccionar banderas** para prolongar la vida, **para liberar a los** diversos tipos de **seres, y a que cultiven** toda clase de **bendiciones para que puedan superar el sufrimiento y el peligro, previniendo todo desastre.**

En aquel momento, en la asamblea del Dharma **estaban presentes doce grandes Generales yakṣas** –grandes Generales entre los fantasmas veloces–. **Ellos eran el General Kumbhīra, el General Vajra, el General Mihira, el General Aṇḍīra, el General Majira, el General Saṇḍira, el General Indra, el General Pajra, el General Makuram, el General Sindura, el General Catura y el General Vikarala.**

Simultáneamnete, estos doce grandes Generales yakṣas, cada

uno con un séquito de siete mil yakṣas a sus órdenes, **alzaron sus voces dirigiéndose al Buda: "¡Honrado por el Mundo! ¡Hoy, por haber confiado en el asombroso poder del Buda,** que nos condujo hacia esta asamblea del Dharma, **nosotros fuimos capaces de oír el nombre del Honrado por el Mundo, Tathāgata Maestro de la Medicina Luz de Vaiḍūrya! Como resultado, los destinos perversos no nos causan más temor. Todos nosotros tenemos el sólo pensamiento de tomar refugio en** la Triple Joya, en **el Buda, el Dharma y el Sangha hasta el fin de nuestras vidas. Realizamos el voto de mantener a todos los seres vivientes y de beneficiarlos.** Les enseñaremos y los beneficiaremos sin pedir ninguna recompensa. Deseamos otorgarles grandes beneficios **para que puedan vivir una vida en paz y felicidad.**

En cualquier ciudad, aldea, país o bosque alejado por el cual este Sutra circule, o dondequiera que las personas acepten, reciten **y mantengan el nombre del Tathāgata Maestro de la Medicina Luz de Vaiḍūrya, lo veneren y ofrenden; junto a nuestros séquitos, nosotros los vigilaremos y protegeremos, los aliviaremos de todo malestar, y se cumplirán todos sus deseos. Para disipar toda enfermedad y dificultad, se deberá leer o recitar este Sutra,** el Sutra sobre el Mérito y Virtud del Tathāgata Maestro de la Medicina Luz de Vaiḍūrya, **y se atarán hilos de cinco colores en nudos que formen las letras de nuestros nombres. Se desatarán los nudos cuando los deseos se hayan cumplido".**

Este es un dharma de tipo mántrico. Los mantras no necesariamente pertenecen a la Escuela Esotérica. Los practicantes de la Escuela Esotérica deliberadamente designan tal nombre, que aparenta cubrirlos de un halo de misterio. Los mantras son una clase de juramento o de voto, un tipo de oración. Los hilos de cinco colores simbolizan las cinco direcciones, cada una de las cuales se asocia a un demonio. Al atar en nudos los hilos de cinco colores, se estabilizan los lugares inseguros. Los Generales *yakṣas* realizaron el voto de cumplir todos los deseos de quien anude con hebras de cinco colores las letras de sus nombres. Una vez cumplidos los deseos, se desatarán los nudos para liberar a los espíritus evocados. No se debe actuar con codicia tratando de mantener a los Generales *yakṣas* a nuestro alrededor una vez que ellos cumplieron con nuestros deseos.

SUTRA:

En ese momento, el Honrado por el Mundo alabó a los grandes Generales *yakṣas*, diciendo: "¡Excelente, realmente excelente, grandiosos Generales *yakṣas*! Aquellos de ustedes que deseen restituir la bondad del Honrado por el Mundo, Tathāgata Maestro de la Medicina Luz de Vaiḍūrya, constantemente deberán beneficiar a los seres vivientes, brindándoles de este modo paz y felicidad".

Comentario:

En ese momento, luego de que los Generales **yakṣas** realizaron el voto de brindar apoyo al Buda Maestro de la Medicina y de retribuir su bondad, **el Honrado por el Mundo,** el Buda Śākyamuni, **alabó a los grandes Generales yakṣas, diciendo: "¡Excelente, realmente excelente, grandiosos Generales yakṣas!** Es verdaderamente poco común que estos doce Generales realicen tales votos. **Aquellos de ustedes que deseen restituir la bondad del Honrado por el Mundo, Tathāgata Maestro de la Medicina Luz de Vaiḍūrya...** Ya que ustedes doce no olvidaron la generosidad de aquel Buda, y desean retribuirla, **constantemente deberán beneficiar a los seres vivientes, brindándoles de este modo paz y felicidad.** Nunca olviden los votos que realizaron para hacer posible que los seres vivientes dejen de sufrir y obtengan felicidad".

Sutra:

Entonces, Ananda dijo al Buda: "Honrado por el Mundo, ¿cómo debería llamarse esta enseñanza?, ¿cómo deberíamos conservarla?"

Dijo el Buda a Ananda: "Esta enseñanza se llama 'El Mérito y Virtud de los Votos Originales del Tathāgata Maestro de la Medicina

Luz de Vaiḍūrya'. También se llama 'Los Votos de Doce Generales Espirituales relativos al uso de los mantras espirituales, para el beneficio de los seres vivientes'. También se llama 'Eliminación de Todos los Obstáculos Kármicos'. Así deben mantenerla".

Una vez que el Bhagavan finalizara de hablar, todos los Bodhisattvas Mahāsattvas, los grandes Oidores, Reyes, Ministros, brahmanes, laicos, dioses, dragones, *yakṣas, gandharvas, asuras, garudas, kinnaras, mahoragas,* seres humanos y no-humanos, y toda la gran asamblea; quedaron sumamente complacidos al oír lo que el Buda habló. Lo recibieron con fe y respetuosamente lo practicaron.

COMENTARIO:

Entonces, luego de que el Buda Śākyamuni alabara a los doce Generales **yakṣas**, el Venerable **Ananda,** cuyo nombre significa "Celebración y Regocijo", **dijo al Buda: "Honrado por el Mundo, ¿cómo debería llamarse esta enseñanza?** ¿Cómo deberíamos titular a este Sutra? ¿Cuál es esta puerta del Dharma? **¿Cómo deberíamos conservarla?** ¿Cómo deberíamos recibir, mantener, leer y recitar este Sutra?"

Compasivamente, **dijo el Buda a Ananda: "Esta enseñanza se llama 'El Mérito y Virtud de los Votos Originales del Tathāgata Maestro de la Medicina Luz de Vaiḍūrya'. También se llama 'Los**

Votos de Doce Generales Espirituales relativos al uso de mantras espirituales, para el beneficio de los seres vivientes'. Este Sutra: describe cómo los doce Generales **yakṣas** realizan el voto de beneficiar a los seres utilizando las 'verdaderas palabras del Maestro de la Medicina que se vierten en la coronilla' para erradicar toda enemistad, odio y retribución por los malos actos. **También se llama 'Eliminación de Todos los Obstáculos Kármicos'. Así deben mantenerla.** Si lo aceptan y mantienen con sinceridad, este Sutra: podrá eliminar todos los obstáculos kármicos".

Una vez que el Bhagavan, el Buda, **finalizara de hablar, todos los Bodhisattvas Mahāsattvas,** –los grandes Bodhisattvas entre todos los Bodhisattvas– **los grandes Oidores,** los grandes Arhates que cultivan las Cuatro Nobles Verdades: el sufrimiento, la acumulación, la cesación y el Camino, los **Reyes, Ministros, brahmanes, laicos** que poseen las diez clases de virtudes, **dioses, dragones, yakṣas, gandharvas, asuras, garudas, kinnaras y mahoragas** –la Octuple División de fantasmas y espíritus–, los **seres humanos y no-humanos, y toda la gran asamblea quedaron sumamente complacidos.** Se sintieron todos felices **al oír lo que el Buda habló,** que posteriormente constituyó este Sutra, lo **recibieron con fe y respetuosamente lo practicaron.** Ellos no dudaron acerca de esta puerta del Dharma que el Buda habló, y la practicaron a lo largo de todas sus vidas.

Así concluye la explicación General del **Sutra sobre el Mérito**

y Virtud del Tathāgata Maestro de la Medicina Luz de Vaiḍūrya.

* * *

El Buda Maestro de la Medicina (también conocido como Buda Akṣobhya) y el Buda Amitābha, son los dos grandes Budas del Este y del Oeste, respectivamente. Uno lidera la división Vajra y el otro la división Loto. La división Vajra representa los Dharmas de sometimiento, que apaciguan a los seres vivientes mediante el regocijo y la generosidad. La división Loto representa los Dharmas de reunión, que emplean la bondad y la compasión para reunir a todos los seres.

¿Por qué se asocia a la división Vajra con el regocijo y la generosidad? Cuando el Buda somete a los demonios celestiales y a los externalistas, no utiliza el enojo. Por el contrario, mediante el regocijo y la generosidad, enseña a los seres vivientes a que renuncien a lo desviado y retornen a lo correcto, y así puedan poner un término al nacimiento y la muerte. Los reúne con bondad y compasión, y los somete con regocijo y generosidad. Utilizando las Cuatro Mentes Ilimitadas (bondad, compasión, regocijo y generosidad), el Buda enseña y transforma a los seres vivientes. Aunque los espíritus Vajra adopten una apariencia temible e irascible, en sus corazones ellos practican el regocijo y la generosidad. Manteniendo sus miradas bajas, los Bodhisattvas no se enojan. El Buda Amitābha no modifica su temperamento a causa de los seres vivientes, a todo momento los recibe con bondad y compasión.

En el *Manual de recitación diaria de la Escuela Chan*, hay un mantra denominado "Mantra de los Dos Budas", que dice: "En el mundo Sahā dos Budas proclaman y transforman, Akṣobhya en el Este y Amitābha en el Oeste". Quien haya quebrado alguno de los trece preceptos mayores *Pārājika* y ante el rey Yama sienta temor, deberá arrepentirse y reformarse diligentemente, y de este modo sus ofensas serán erradicadas. Aunque tal ofensa sea básicamente imperdonable, podrá erradicarla quien sinceramente se arrepienta y reforme. El "Mantra de los Dos Budas", es uno de los "Dharmas de convocatoria y atracción". Quien tenga una enfermedad causada por un fantasma, podrá convocarlo mediante este mantra. Aunque el mantra es muy eficaz, muy pocas personas saben cómo recitarlo, y menos personas aún saben realmente cómo utilizarlo.

El mantra Puan, es también un Dharma de sometimiento. El Patriarca Puan previamente fue un carnicero que dejó de matar para cultivar el Camino, y transformó sus doce cuchillos de carnicero en cuchillos voladores. Al recitar el mantra de Puan, sus cuchillos vuelan por el aire atemorizando a todos los demonios y externalistas al Camino.

Las 'Verdaderas Palabras del Maestro de la Medicina que se vierten en la coronilla' forman también parte del mantra de los dos Budas. Estas Palabras pueden neutralizar todo veneno y erradicar toda clase de ofensas. Recitadas con sinceridad, llegan a neutralizar a una persona envenenada, pero ello no sucederá si lo recitan con desatención.

Este mantra constituye una parte muy importante del Sutra, si les falta el tiempo para recitar el Sutra completo, pueden recitar solamente las palabras verdaderas. Es un Dharma corto, pero indispensable. Este Sutra es también llamado *"Eliminación de Todos los Obstáculos Kármicos"*.

Ahora que hemos aprendido este método de práctica, constantemente debemos recitar el mantra del Maestro de la Medicina, y estaremos así a resguardo de todo desastre, permitiendo entonces que nuestras buenas raíces crezcan.

Ahora todos deberían exponer sus opiniones y preguntas, no debería yo ser el único orador. Compartamos nuestras ideas y nuestra sabiduría, debemos turnarnos para hablar el Dharma. Me gustaría oír a todos ustedes, especialmente a los ancianos. Aunque es imprecedente en los Estados Unidos, todos debemos avanzar en nuestro estudio de budismo. Debemos turnarnos para enseñar y compartir nuestras experiencias, así todos mejoraremos y seremos capaces de comprender los inconcebibles estados del budismo. No se inquieten por hablar en público, somos todos una gran familia. Simplemente sean francos y comenten sus experiencias en el Sitio del Camino. Relájense y siéntanse cómodos, y entonces podrán percibir las maravillas del

Budadharma.

Este mundo está lleno de sufrimiento y de maldad. En el *Sutra de Amitābha*, se lo denomina el maléfico mundo de las cinco turbiedades. Las cinco turbiedades son la turbiedad del eón, la turbiedad de las visiones, la turbiedad de las aflicciones, la turbiedad de los seres vivientes, y la turbiedad de la extensión de vida.

La turbiedad del eón alude a estos tiempos impuros y corruptos.

Estando el tiempo viciado, el espacio también se contamina, y hay polución en el aire. Respirando el aire contaminado, los seres sintientes también se contaminan. Es difícil mantener la limpieza en una atmósfera tan poluída. Es también difícil limpiar el aire, que está impregnado de vapores nocivos. La atmósfera es pesada y carece de vida, no hay paz ni tranquilidad en ningún lugar. Las energías de violencia, terror, asesinato, de incendios premeditados, de robos y asaltos llenan el aire; envenenando a las personas hasta enloquecerlas. Las pocas personas sanas que quedan tampoco encuentran felicidad. Viviendo en este mundo, pasan sus días como en sueños o en ebriedad, sin saber lo que hacen.

La turbiedad de las visiones: al estar contaminados el espacio y el tiempo, todo aquello que nosotros vemos y oímos es también impuro. Vemos gente que comete asesinatos, que crea incendios, roba o asalta a otros, que consume y distribuye drogas, que juega por dinero, que mira películas pornográficas y demás.

Todo esto contamina nuestras visiones hasta impedirnos reconocer lo que es correcto, y nos dejamos llevar por las tendencias depravadas del mundo.

Por todo ello nos afligimos, dando origen así a la *turbiedad de las aflicciones.* Nada sucede de la forma en que deseamos, y las situaciones nos exasperan. Al ver a algunos ganar fortunas en el casino nosotros también comenzamos a jugar, olvidando que siempre hay muchos más perdedores que ganadores. Y esperando recuperarlo, cuanto más dinero perdemos, más jugamos. ¡Cuando hemos dilapidado todo el dinero, es cuando realmente nos afligimos!

Acaso notemos que todas las empresas prosperan y decidamos comenzar nuestro propio negocio. Pero nos lamentamos cuando perdemos dinero: "Todos los otros comercios dan ganancias. Dios, ¿por qué no me ayudas a ganar algún dinero?" Y afligidos, nos quejamos de todo, incluso de dios. Cuanto más nos afligimos, más problemas tenemos. Pensamos, "¡qué vida tan desafortunada!"

Si dios u otras deidades no responden a nuestras quejas, dirigimos nuestro enojo a los seres vivientes, creando problemas en la comunidad y dando origen a la *turbiedad de los seres vivientes.* Nuestra relación con las personas se torna impura, perdiendo toda afinidad con los demás. Como resultado, nuestra vida es calamitosa, y de ello resulta la *turbiedad de vida.*

En términos mundanos, ésta es una explicación del maléfico mundo de las cinco turbiedades. Aunque hablemos de las cinco turbideces en general, cada turbiedad contiene infinitamente muchas turbideces, y nunca podremos describirlas todas. Las cinco turbideces nos causan toda clase de inconvenientes. Tras observar los interminables sufrimientos, la confusión, la aflicción y la lucha de los seres en el mundo Sahā, el Buda percibió que la vida carece totalmente de sentido.

El Buda creció como un Príncipe coronado en el Palacio Real de un estado Indio. Cierto día, el joven Príncipe decidió salir de paseo por la puerta oriental del Palacio, acompañado de un miembro de su séquito. Al salir vio a una mujer dando a luz, y tan pronto como el bebé nació, abrió su boca para gritar "¡Ku, ku, ku!" (en chino, 'ku' significa sufrimiento), situación que le resultó por demás extraña.

–¿Por qué actúa el bebé de esa forma? –preguntó el Príncipe.

Y su acompañante le explicó:

–Cuando el nacimiento se produce, la madre sangra y el niño llora.

Inmediatamente, el Príncipe perdió su interés en la caminata.

–Esto no me divierte –dijo–. ¡Regresemos!

Y el viaje a través de la puerta oriental llegó a su fin.

Ya de regreso, pensó: "Un bebé llorando en el lado oriental.

Mañana probaré salir por la puerta Sur". Partiendo al día siguiente por la puerta Sur, vio a un anciano de cabello cano, piel arrugada y andar vacilante. Sin dientes, y con dificultades para ver y oír, la escena era lamentable. El Príncipe preguntó a su guarda:

–¿Qué le sucede? ¿Cómo llegó a tener tal aspecto? Nunca antes había visto algo así.

El guarda le respondió:

–Ese hombre es tan anciano que su cuerpo no le responde más. Sus ojos, oídos y nariz se han consumido. Su lengua aún funciona, pero le resulta difícil comer porque al no tener dientes, no puede masticar la comida. Cada parte de su cuerpo ha declinado: las manos no pueden asir objetos, las piernas apenas pueden mantenerlo en pie. Su cabello encaneció y su espalda se curvó.

–¡Que miseria! Y el Príncipe quiso regresar.

Al tercer día el Príncipe salió por la puerta occidental. Pasó por un hospital, y al ingresar en él vio numerosas personas yaciendo en la cama, gimiendo de dolor. Horrorizado ante tal panorama, retornaron al Palacio.

Al día siguiente decidió salir a través de la puerta del Norte. Pasó por una morgue, donde también se vendían ataúdes.

–¿Para qué son? –preguntó señalando los ataúdes.

–Para colocar cuerpos muertos.

El Príncipe notó que en la morgue había gran cantidad de personas que yacían con los ojos cerrados y sin respirar –eran cadáveres–. Estaba aún más desilusionado que antes.

–¿Qué significado tiene la vida, si debemos padecer los sufrimientos del nacimiento, vejez, enfermedad y muerte? –se preguntó.

Para ese entonces, el dios Vaiśravaṇa *(Rey Celestial que custodia el Norte)*, se manifestó como un bhikṣu vestido con ropas andrajosas.

–¿De quién se trata? –preguntó el Príncipe.

–Sería mejor que le pregunte a él –dijo su servidor.

–¿A qué se dedica usted? –preguntó el Príncipe al monje.

–Soy un bhikṣu.

–¿Y qué hace un bhikṣu?

–El objetivo de un bhikṣu es dar término al sufrimiento del nacimiento, vejez, enfermedad y muerte –dijo el monje.

–Para mí eso tiene sentido –profirió el Príncipe. ¿Dice usted que se puede poner un fin al nacimiento y a la muerte? Me gustaría intentarlo. Y así el Príncipe dejó la vida de hogar, pasando a ser un bhikṣu. Renunció al reinado y a su hogar, y se dirigió al Himalaya, donde cultivó prácticas ascéticas durante seis años, llegando a comer sólo una semilla de sésamo y un grano de trigo por día. Tras el logro de la iluminación, sufrió lo que otros no podían sufrir, comió aquello que otros no podían comer, y practicó lo que otros no podían practicar. Soportó aquello que otros no podían soportar, y cedió lo que otros no podían ceder. Abandonó el trono de Rey y resistió el hambre comiendo tan sólo una semilla de sésamo y un grano de trigo por día. Con tal paciencia y renuncia él realizó la budeidad. Aún siendo un Príncipe coronado, eligió cultivar el Camino. Ninguno de nosotros está en una situación tan honorable. ¿Por qué motivo no toleramos nosotros la renuncia? Aunque ahora no renunciemos, al morir no podremos llevar nada con nosotros.

El Príncipe renunció a su reino, a su familia y a sus bienes, y se dirigió a cultivar a la montaña. Al comienzo lo acompañaban cinco personas, dos parientes por parte de su padre y tres por parte de su madre. Su padre los envió, no para impedirle cultivar, sino para asegurarse de que su hijo no tuviera dificultades.

El Príncipe comía solamente una semilla de sésamo y un grano de trigo por día, pero sin poder tolerar tal sufrimiento, dos de sus cinco parientes lo dejaron. Los tres restantes realizaron estas prácticas con sinceridad, y sufrieron junto a él. Completamente consumido, el Príncipe no moría aún. En cierta ocasión una doncella celestial le ofreció avena con leche, y ante tan sincera ofrenda, debió aceptarla. Por otra parte, estaba realmente famélico.

Ante tal hecho, sus tres parientes lo desaprobaron: "¿Es así como intentas ser un Buda?" La budeidad implica una amarga cultivación, y ¡tú bebes leche con avena! ¡Una conducta así es inadmisible!" Y también ellos lo dejaron, para encontrarse los cinco en el Parque de los Ciervos.

Teniendo el futuro Buda tal mérito y virtud, aún debió pasar por aquellas duras pruebas. En aquel momento el Príncipe tomó la resolución de alcanzar la Bodhi. Es probable que mientras meditaba en la montaña, ocasionalmente haya paseado para disfrutar del paisaje. De haber sido como la mayoría de las personas, y ya estando en soledad, habría pensado: "Es mejor que también yo vuelva al Palacio. ¿Para qué pasar por tanto sufrimiento?" Sin embargo él no retornó, y por el contrario, sentado bajo el árbol de la Bodhi realizó el siguiente voto: "A no ser que me convierta en un Buda, nunca me levantaré de aquí. ¡Me sentaré aquí hasta morir!" Y permaneció sentado en meditación durante siete semanas.

Por el contrario, tras sentarnos durante treinta y cinco minutos, nosotros nos quejamos: "¡Ay, el dolor de piernas es intolerable!" Ayer uno de mis discípulos se sentó a meditar en el tema "ser como un muerto" para vencer el dolor de piernas, pero ni siquiera así pudo lograrlo. El Buda se sentó durante cuarenta y nueve días sin levantarse, sin comer ni beber. Pese al hambre y a la sed, continuaba sentado. Sólo piensen en el vigor que tenía el Buda en la práctica del Camino. ¿Seríamos nosotros capaces de tomar tan grande resolución para alcanzar la Bodhi?

Una noche, mirando una estrella en el cielo, súbitamente el Príncipe se iluminó. Penetró completamente en las verdades de la vida y del universo. Al iluminarse, el Buda exclamó: "¡Extraño, extraño, realmente extraño! Todos los seres tienen la sabiduría y virtud del Tathāgata, todos pueden llegar a ser Budas. Es sólo a causa del pensar confuso y de los apegos, que ellos no pueden alcanzar la certificación". Todos los seres poseen la naturaleza de Buda, las treinta y dos marcas, y las ochenta características secundarias de un Buda. Todos ellos están adornados con las diez mil virtudes de un Buda. No necesitamos aprender mucho del Budadharma, con esta frase es suficiente: "Sólo a causa del pensar confuso y de los apegos, ellos no pueden alcanzar la certificación".

Con los pensamientos confusos repentinamente estamos en los cielos y súbitamente volvemos a la tierra. Pensamos acerca de los asuntos del país, sobre nuestros novios o novias, padres, hijos, hermanos y hermanas. Estamos increíblemente ocupados durante el día, y de noche nos ocupamos soñando. En nuestro sueños vemos tanta mezcla de objetos y de personas, que terminamos sumamente desconcertados. Todavía no podemos librarnos de nuestros apegos. ¿De dónde provienen los sueños? De los apegos. Para dejar a un lado los distorsionados pensamientos ilusorios, debemos cortar con nuestros apegos.

Una persona de suprema virtud no tiene sueños ni

pensamientos confusos. Difiere de las personas comunes por ser un sabio , un "muerto viviente". Realiza la Budeidad por haber eliminado todos sus apegos y pensamientos al azar. Por ello, "es sólo a causa del pensar confuso y de los apegos, que ellos no pueden alcanzar la certificación". Debemos recordar esta frase, y una vez que nos libremos de la confusión, dejaremos lejos y atrás los pensamientos ilusorios ¡y alcanzaremos el nirvāṇa!

Una vez que el Buda alcanzó la iluminación, se preguntó a cuáles seres vivientes debía salvar en primer término. "Ah, entonces el Buda también tenía un pensar disperso", dicen ustedes. Teniendo una mente común no se puede juzgar el estado de un sabio. El Buda no tenía pensamientos al azar, estaba haciendo uso de su Maravillosa Sabiduría Contemplativa para evaluar quién estaría preparado para recibir sus enseñanzas. Entonces vio a sus cinco ex-guardias a punto de perfeccionar su cultivación, unas pocas palabras del Buda, o acaso el sólo verlo sería suficiente para conducirlos hacia la iluminación. Aúnque habían abandonado al Príncipe previamente, seguían profundamente influenciados por él. Estaban decididos a liberarse a sí mismos del nacimiento y de la muerte, y carecían de todo interés por las riquezas mundanas, honores y gloria. Es probable que al dejar al Príncipe hayan pensado: "Podemos cultivar e iluminarnos primero, y entonces ayudaremos también al Príncipe a iluminarse". Sin embargo, no hay ningún registro de ello en los libros de historia. Es sólo mi conjetura. Acaso hayan pensado: "Pasamos mucho tiempo cuidando al Príncipe, y a causa de ello no pudimos concentrarnos en nuestra propia práctica. En primer término, deberíamos retirarnos para trabajar arduamente en nuestra propia cultivación, y luego volveríamos para ayudar al Príncipe en su práctica". A causa de tal pensamiento, el Príncipe –que ya era Buda–, quiso iluminar primero a ellos. Tal como se siembra, se cosecha.

Observando con su Maravillosa Sabiduría Contemplativa, con la Sabiduría de la Realización y de la Igualdad, y con el Gran Perfecto Espejo de la Sabiduría; el Buda consideró que el Venerable Ajñatakaundinya sería el primero en iluminarse. Por ello el Buda se dirigió primero a salvar a Ajñatakaundinya, cumpliendo el gran voto que había hecho mucho tiempo atrás.

Ilimitados eones atrás, Ajñatakaundinya había sido el rey Kali, y el Buda Śākyamuni era un inmortal paciente que cultivaba en la montaña. Cierto día el rey Kali salió de caza a la montaña, junto a sus concubinas. Mientras el Rey se dedicaba a la caza, ellas paseaban, descubriendo así al inmortal paciente. Reuniéndose a su alrededor, se sintieron atraídas por su virtud y por las profundas afinidades que tenían con él. Cuando el rey Kali retornó de mal humor a causa de su caza desafortunada, vio a sus concubinas reunidas alrededor de un extranjero de cabello largo, uñas y barba también largas, e inmediatamente dio lugar a los celos.

–¿Qué hace usted aquí? –intimó el Rey al extraño.

–Estoy cultivando la aptitud de la paciencia –replicó el inmortal paciente.

–¿Paciencia? ¿Qué hace usted seduciendo de ese modo a mis concubinas? Seguramente su proceder no es bueno. Desenvainando la espada, el Rey cortó de inmediato las manos y pies del practicante, y seguidamente le preguntó si estaba enojado.

–No estoy enojado –dijo el inmortal paciente.

–No le creo –dijo el rey Kali–. ¿Cómo podría no enojarse después de que le hayan cortado las manos y los pies? ¡Está mintiendo! Compruébeme que no está enojado".

El inmortal paciente respondió:

–Si no estoy enojado podré recuperar nuevamente mis manos y pies; de lo contrario, no los recuperaré.

Y en cuanto el inmortal paciente terminó de hablar, recuperó de súbito sus manos y pies. Ante tal escena, el Rey pensó: "Debe ser un monstruo", y se preparó para incendiar la montaña. Pero para aquel momento, los espíritus protectores del Dharma se enfurecieron, lanzando una tormenta de granizo sobre el Rey.

Piadosamente, el inmortal paciente le dijo: "En el futuro, cuando llegue a ser un Buda, salvaré primero a quien haya cortado mis manos y pies". Como resultado de aquel voto, y ya siendo el Buda Śākyamuni, contempló las causas y efectos de sus vidas pasadas y presentes, revelando que debía salvar primero a Ajñatakaundinya y a los otros cuatro practicantes. Por ello el Buda se dirigió desde el árbol de la Bodhi hasta el Parque de los Ciervos en busca de sus cinco ex-guardianes.

El Parque de los Ciervos tenía una gran población de ciervos. En pasadas vidas, el Buda había sido un Rey ciervo que enseñaba a los ciervos, y siendo un Buda, él enseña a los seres humanos.

Ya en el Parque de los Ciervos junto a los cinco practicantes, el Buda movió por primera vez la rueda del Dharma. Habló para ellos las Cuatro Nobles Verdades: el sufrimiento, la acumulación, el Camino y la cesación.

En la primer vuelta dijo: "Éste es el sufrimiento, es opresivo". La vida está llena de sufrimiento.

Hay tres sufrimientos, ocho sufrimientos e ilimitados sufrimientos. Oprimidos mental y físicamente por todos estos sufrimientos, los seres vivientes nunca encuentran paz, felicidad o bienestar. Estos sufrimientos opresivos dominan sus vidas.

Los tres sufrimientos:

1- El sufrimiento dentro del sufrimiento.
2- El sufrimiento de la decadencia.
3- El sufrimiento del proceso.

El "sufrimiento dentro del sufrimiento" indica que en medio

del sufrimiento hay aún más sufrimiento. No tener comida, ropa, ni refugio es agregar más sufrimiento al sufrimiento, que nunca llega a un fin.

El "sufrimiento dentro del sufrimiento" proviene de la pobreza. Existe además el "sufrimiento de la decadencia". Esta clase de sufrimiento la experimentan las personas ricas cuando pierden toda su fortuna en un súbito e inesperado desastre como un robo, incendio o inundación. Ustedes dicen: "Yo no soy pobre ni rico, no padeceré de estos dos sufrimientos".

Pero ustedes no pueden escapar del "sufrimiento del proceso". Sus pensamientos fluyen en una sucesión sin fin desde la juventud hasta la madurez, y así hasta la vejez y la muerte. En esto consiste el "sufrimiento del proceso". El proceso de vivir, en sí implica sufrimiento.

Hay también ocho sufrimientos:

1- El sufrimiento del nacimiento.
2- El sufrimiento de la vejez.
3- El sufrimiento de la enfermedad.
4- El sufrimiento de la muerte.
5- El sufrimiento de ser apartado de los seres que uno ama.
6- El sufrimiento de estar unido a quienes uno odia.
7- El sufrimiento de no obtener lo que se busca.
8- El sufrimiento del fuego vivo de los cinco skandhas.

El nacimiento es una experiencia muy incómoda, uno siente estar aprisionado como entre dos montañas. Se padece el mismo sufrimiento que el de una tortuga viva a la que le arrancan el caparazón. Luego de un nacimiento doloroso, gradualmente se envejece. La vejez también es sufrimiento. De a uno en uno, los órganos comienzan a claudicar, y aún una tarea simple resulta muy difícil. El sufrimiento de la enfermedad es todavía más difícil de tolerar. Podrán gemir y llorar, pero nadie puede sufrir por ustedes.

Tal sufrimiento es muy democrático; debe sobrellevarlo todo el mundo, desde el Rey hasta el mendigo. Incluso cuando se enferma, y tras su muerte también, el Emperador -poseedor del imperio y adorado por todos-; sufre como los demás. Por supuesto, cuando no se enferman, no hay problema. Pero en el caso contrario, la enfermedad trata a todos por igual, carece por completo de toda cortesía.

Estos primeros tres sufrimientos no son aún tan malos, el peor es el de la muerte. En la batalla entre la vida y la muerte uno quiere vivir, pero el espíritu de la muerte está decidido a arrastrarnos con él. El dolor de la muerte asemeja al de una vaca a la que desollan viva.

Las personas comunes tienen profundos apegos emocionales. Desean que sus amados vivan y que sus enemigos mueran. Cuando dos personas se enamoran, se olvidan de todo lo demás.

Como atontados, están siempre pegados el uno al otro con un 'fuerte adhesivo', y nada puede apartarlos.

Hay quienes no creen en lo que estoy diciendo. Les daré un ejemplo, habrán visto en los periódicos reportes acerca del nacimiento de gemelos siameses en diversas partes del mundo. Han nacido con sus cuerpos unidos y deben ser separados mediante cirugía. ¡Sólo piensen cuán doloroso debe ser! Éste es el sufrimiento de ser separado de los seres amados.

En su profundo amor, ellos realizan votos: "En el cielo podríamos ser dos pájaros unidos a las mismas alas, y en la tierra podríamos entrelazar nuestras raíces". Ése es uno de los motivos por el cual llegan a ser siameses.

Hay también una explicación menos agradable. En sus vidas pasadas, los siameses fueron una pareja homosexual, y manifestándose como siameses, enseñan el Dharma a los homosexuales. Los homosexuales son aquellos que se enamoran de personas del mismo sexo. ¿No es eso tener confusión? Por no tolerar separarse el uno del otro, nacen como siameses y se los debe cortar para separarlos. ¡Qué crueles son las personas! Hay quienes ven a los siameses unidos, y por envidia quieren separarlos. Dicen: "¡no podrán vivir de este modo!" También hay quienes actúan con compasión: viendo que los gemelos no podrán sobrevivir, tratan de separarlos. Compasivamente, el médico los secciona y separa muy cuidadosamente.

Este mundo está lleno de problemas. Varias décadas atrás era poco común ver siameses, pero con el reciente incremento de la homosexualidad, han aparecido siameses en todos los países.

Antes una mujer podía dar a luz a mellizos, pero al menos no estaban unidos. Probablemente el amor que se tenían no era tan confuso; no permanecían pegados con ese 'fuerte adhesivo'.

Por estar tan enamoradas, las personas que no soportan separarse pueden llegar a ser siameses. Incluso así no pueden seguir juntos porque un cirujano va a separarlos. La cirugía en esos casos es de gran riesgo, y hay casos en que ambos gemelos mueren. Probablemente los gemelos piensan: "No queremos vivir si nos separan". No quieren soportar el "sufrimiento de ser apartados de los seres amados".

Existe también el sufrimiento de estar unido a quienes uno odia. Piensan: "realmente detesto a esta persona; el sólo verla me molesta". Desean alejarse de ella, pero aunque parezca mentira, ella los sigue donde quiera que uno vaya, dándoles siempre la bienvenida, o trabajando con ustedes. La detestan, ¡pero ustedes la tienen siempre a su alrededor! No pueden escapar de ella. Éste es el sufrimiento de estar con aquellos que uno odia.

El no obtener aquello que se busca es otro de los sufrimientos. Se puede llegar a perder el sueño de noche, y también el apetito a causa de la gran aflicción por no alcanzar aquello que se busca.

El peor de todos es el sufrimiento del fuego vivo de los cinco skandhas. Los cinco skandhas son la forma, la sensación, la percepción, las formaciones y la conciencia. No hay quien pueda eludirlos. Son tan poderosos que sofocan y asfixian nuestra naturaleza de Buda. No obstante, una vez que los comprendamos, veremos que ellos no tienen una sustancia real, que asemejan a las nubes moviéndose a la deriva según la dirección del viento.

Cuando "iluminemos los cinco skandhas y veamos que ellos son todos vacíos", tal como se cita en el *Sutra del Corazón,* sabremos que "originalmente no hay nada; ¿dónde puede entonces el polvo depositarse?" *(verso del Sutra: de la Plataforma del Sexto Patriarca).*

¿Hay quien esté libre de sufrimiento?

–Yo –alguno responde–. No tengo los tres ni los ocho sufrimientos, ¡ni siquiera un simple sufrimiento!

Si ustedes afirman que no sufren, ¡se están engañando a ustedes mismos!

Por otra parte, el sufrimiento de "no obtener aquello que se busca" es muy similar a los sufrimientos de "estar unido a aquellos que uno odia", y a "ser apartado de los seres amados". Por ejemplo, es difícil de tolerar cuando fallan sus esfuerzos por obtener un importante cargo en el Gobierno. También se sufre cuando fracasan en el deseo de obtener bienes o de ser famosos, no importa cuán arduamente hayan ustedes trabajado. Quienes tienen dificultades para encontrar un novio o una novia, sufren aún más, llegando a un punto tal que pierden el sueño y el apetito. Por tal motivo, desde épocas remotas existen los enfermos atontados por amor, ¡entre ellos algunos se han suicidado! ¿No es ello sufrimiento? Éstos son los apegos ilusorios de las personas mundanas. Toman a los ladrones por hijos, y contemplan al sufrimiento como felicidad.

Lo más difícil de obtener es aquello que más ambicionan. Pero cuando lo obtienen, no lo valoran. Por ejemplo, la gente joven oye que una cierta droga puede causarles la iluminación. Veinte años atrás, en Estados Unidos el LSD era muy popular. Ahora la droga más popular es la marihuana. Los jóvenes son curiosos y quieren experimentar con drogas. Quienes pueden obtenerlas se transforman en adictos, y aquellos que no las consiguen tienen interés en conocer sus efectos. "¿Realmente producen la iluminación? ¿Se sentirá uno en el cielo al fumar marihuana?", se preguntan. Con ilimitada curiosidad, y con amor por lo nuevo, terminan dañándose a ellos mismos. Sin notarlo, se sumergen directamente en el mundo de las drogas. Para ellos las drogas son como caramelos. Aman el estado "elevado" que las drogan les producen, y no las cambiarían por nada. ¡Cuánto engaño y sufrimiento!

Si bien decimos que hay ocho sufrimientos, si detalláramos, podríamos considerar infinitas variedades de sufrimiento.

El Buda percibió tales sufrimientos y habló la Primer Verdad del Sufrimiento: "Éste es el sufrimiento; es opresivo". Deberíamos comprender cuán oprimidas están las personas por el sufrimiento.

Luego el Buda habló la Segunda Verdad de la Acumulación: "Ésta es la acumulación, es atrayente". ¿Qué se acumula? Las aflicciones. Percibiendo el sufrimiento de los seres vivientes, el Buda realizó el voto de salvarlos. Al ver que las aflicciones se acumulan, realizó el voto de cortarlas.

Él realizó estos votos:

"Los seres vivientes son ilimitados, realizo el voto de salvarlos.
Las aflicciones son innumerables, realizo el voto de cortarlas".

Las aflicciones se acumulan según las causas que uno haya plantado. Hay ochenta y cuatro mil clases de aflicciones, aunque este número representa en realidad infinitas aflicciones.

El Buda luego habló la Tercera Verdad del Camino: "Éste es el Camino, puede ser cultivado". El camino de la Bodhi: la senda hacia la sabiduría, hacia la Budeidad, hacia el fin del nacimiento y de la muerte, hacia el fin del sufrimiento y hacia la obtención de bendiciones, puede ser cultivado. Sólo se puede alcanzar el

Camino a través de la cultivación.

Los votos siguientes son:

"Las puertas del Dharma son ilimitadas,
realizo el voto de estudiarlas.
El Camino de Buda es insuperable,
realizo el voto de realizarlo".

Finalmente, el Buda habló la Cuarta Verdad de la Cesación: "Ésta es la cesación, ella puede ser realizada". La cesación se refiere a la bendición de la tranquilidad de la inactividad.

"Todos los objetos materiales son impermanentes,
nacen y se extinguen.
Cuando ambos, el nacimiento y la extinción cesan;
surge la felicidad de la tranquilidad".

En el pasado, el Buda Śākyamuni ofreció su vida por obtener la mitad de este verso de cuatro líneas. En una vida pasada, mientras cultivaba encontró a un ser del Cielo de la Morada Pura, que se manifestó como un fantasma *rākṣasa* para poner a prueba su sinceridad. El fantasma *rākṣasa* caminó junto al anciano practicante cantando en voz baja: "Todos los objetos materiales son impermanentes, nacen y se extinguen".

El practicante se preguntó: "¿Qué estará cantando? Oh, es un verso". Y preguntó al fantasma:

–¿Qué es lo que cantas?

Y el fantasma le respondió:

–Todas los objetos materiales son impermanentes, nacen y se extinguen.

–¿No tenía dos líneas más el verso?

–Sí –dijo el fantasma.

–Por favor, dime cuáles son.

–Estoy hambriento, no tengo más energía –dijo el fantasma. Si me das algo de comer, te las diré.

–Bien –dijo el Buda. Te ofreceré aquello que desees y luego me podrás decir esas dos líneas.

El fantasma *rākṣasa* dijo:

–Necesito comer carne y beber la sangre de un ser humano. ¿Podrías darme tu propia carne y sangre?

El Buda pensó: "Si yo logro oír el Dharma, mi muerte valdrá la pena; pero si no consigo oír aquellas dos líneas del verso, nunca podré dejar la rueda del nacimiento y muerte".

Entonces el Buda le respondió:

–De acuerdo, dime el resto del verso y luego te permitiré que me comas.

–Bien –dijo el fantasma–. Las dos líneas finales son: '*Cuando ambos, el nacimiento y la extinción cesan; surge la felicidad de la tranquilidad'*. Todo en el mundo es impermanente, viene a la existencia y deja de ser. La verdadera y eterna felicidad se alcanza cuando no se viene a la existencia, ni se deja de ser. Bien, ahora te comeré.

–¡Espera! –dijo el practicante–. ¡No me comas aún!

–¿Cómo? ¿Estás faltando a tu promesa?

–No, no. Sólo quisiera tallar este verso en un árbol para que permanezca en el mundo. Cuando las personas lo vean, harán surgir la resolución por la Bodhi, y con el tiempo lograrán el Camino.

–Parece una buena idea –dijo el fantasma *rākṣasa*. Vé y tállalo.

Raspando con un cuchillo la corteza externa de un árbol, el practicante talló aquel verso. Mientras tanto, el *rākṣasa* comenzó a gemir:

–¡Estoy hambriento!

Al terminar de tallar, el *rākṣasa* le dijo:

–No seguiré siendo cortés. Debo comer tu carne y beber tu sangre.

–Espera –dijo el practicante–. Por favor espera un poco más.

–Ya te he dado mucho tiempo, ¿qué más quieres hacer? –se quejó el fantasma.

Dijo el practicante:

–Con el tiempo las palabras talladas en el árbol se gastarán por el viento y la lluvia. Perdurarán para siempre si puedo cincelar el verso en una roca. Por favor, ténme un poco más de paciencia.

–¡Está bien! –dijo el *rākṣasa.*

Ni bien terminó de cincelar, el *rākṣasa* le dijo:

–¡Ahora puedo comerte!

–Bien –dijo el practicante, y cerró sus ojos, entregándose a los hechos.

Súbitamente, una voz desde el espacio dijo:

–¡Bravo! Eres un verdadero practicante, capaz de sacrificar tu vida por el Dharma. Ciertamente llegarás a ser un Buda. Al abrir sus ojos, el practicante tenía frente a él a un dios del Cielo de la Morada Pura, y el fantasma *rākṣasa* había desaparecido.

Ésto se conoce como "no temer a la renuncia de la propia vida por la mitad de un verso". ¿Podríamos ser tan sinceros en nuestro estudio de budismo? ¿Podríamos renunciar a nuestras vidas por la mitad de un verso, o por un Sutra?

Hay aún en este mundo muchas personas que desean cultivar. En la Ciudad de los Diez Mil Budas, nosotros alentamos a todos a recitar, estudiar y memorizar el *Sutra Sūrāṅgama.* Hay quienes han estudiado dos o tres tomos del Sutra, pero todavía ninguno memorizó el Sutra completo. Un mes previo al aniversario del Buda Amitābha, alguien realizó el voto de recluirse durante un mes para memorizar el *Sutra de Kṣitigarbha y el Sutra de la Red de Brahma.* Le di permiso y pedí que la proveyeran con agua y comida, ayudándola a cumplir con su voto. Al cabo del mes ella recitaba de memoria ambos Sutras. Es la primera persona que en la Ciudad de los Diez Mil Budas memorizó estos dos Sutras, pero no les diré su nombre porque no deseo darle publicidad. La mayoría de los practicantes de la Ciudad tienen resoluciones similares. Recientemente, un acupuntor de Los Angeles estuvo también en reclusión durante diez días en la Ciudad, y memorizó el *Sutra Vajra.*

"El Camino se puede cultivar, y la cesación se puede alcanzar". Quien cultive seriamente, podrá realizar la felicidad de la tranquilidad. Una vez que reconozcan el sufrimiento, podrán detener la acumulación de las aflicciones. Cultiven el Camino con el anhelo de alcanzar la bendición de la extinción quieta. A esto se lo denomina: "Conocer el sufrimiento, terminar con la acumulación, anhelar la cesación, y cultivar el Camino".

En el primer giro de la rueda del Dharma, el Buda dijo:

Éste es el sufrimiento; es opresivo.
Ésta es la acumulación; es padecida.
Éste es el Camino; se puede cultivar.
Ésta es la cesación; se puede realizar".

El orden original era "sufrimiento, acumulación, el Camino y la cesación". Sin embargo, los chinos lo modificaron: "sufrimiento, acumulación, cesación y el Camino", porque resulta más suave de este modo.

En el Segundo giro el Buda dijo:

Éste es el sufrimiento, ya lo conozco. No necesito conocerlo más. Ya conozco el sufrimiento y no quiero volver a padecerlo, ni conocer más acerca de él.

Ésta es la acumulación, ya la he cortado. No necesito volver a cortarla. No tengo más aflicciones.

Éste es el Camino, ya lo he cultivado. Ya he cultivado el Camino de la Bodhi, y alcancé la Budeidad.

Ésta es la cesación, ya la he realizado. He comprendido por completo el Dharma del sufrimiento, acumulación, cesación y del Camino.

En el tercer giro Buda dijo:

Éste es el sufrimiento, deben conocerlo.
Ésta es la acumulación, deben cortarla.
Éste es el Camino, deben cultivarlo.
Ésta es la cesación, deben realizarla".

Una vez que el Buda habló los tres giros de la rueda del Dharma de la Cuatro Nobles Verdades, el Venerable Ajñatakaundinya realizó de inmediato el Arhantado. Ahora que hemos escuchado los tres giros, ¿hay alguno que realizó el Arhantado?

Fin de la explicación del Sutra sobre el Mérito y Virtud de los Votos Originales del Tathāgata Maestro de la Medicina Luz de Vaiḍūrya.

(Bhaisajyaguru Vaiḍūrya Prabhasa Tathāgata)

Introducción a la Asociación Budista del Reino del Dharma

La Asociación Budista del Reino del Dharma (Dharma Realm Buddhist Association), conocida anteriormente como la Asociación Budista Sino-Americana, fue incorporada a los EE. UU. en el año 1959, con el fin de llevar la enseñanza verdadera de Buda al mundo entero. Su fundador, el Venerable Maestro Hsuan Hua fue un monje altamente respetado.

En 1962, Maestro Hua aceptó la invitación de sus discípulos, para enseñar en los Estados unidos. En 1966, fundó un centro de estudio y práctica en San Francisco.

En 1970, el centro se trasladó a un lugar de mayor capacidad, llamado el "Monasterio de la Montaña de Oro", llegando a ser uno de los primeros centros budistas de California. Luego la Asociación fue estableciendo otros centros en diferentes partes del mundo:

El Instituto Internacional de Traducción de los Textos Budistas (1973), La Sagrada Ciudad de los Diez Mil Budas(1976), el Sagrado Monasterio Rueda de Oro en Los Ángeles (1976), el Sagrado Monasterio Buda de Oro en Vancouver (1984), el Sagrado Monasterio Cumbre de Oro en Seattle (1984), el Sagrado Monasterio Avataṃsaka en Calgary (1986) y la Academia del Dharma Ortodoxo en Taiwan (1989), el Sagrado Monasterio Long Beach en los Ángeles (1991), la Sagrada Ciudad del Reino del Dharma en Sacramento (1992), el Sagrado Monasterio de Bendición, Prosperidad y Longevidad en Los Ángeles (1994), el Instituto para las religiones del Mundo en Berkeley (1994). En la Sagrada Ciudad de los Diez Mil Budas funcionan la Universidad Budista del Reino del Dharma, la Escuela Secundaria "Desarrollo de la Virtud" y la Escuela Primaria "Infundiendo la Bondad". El objetivo de la Asociación Budista del Reino del Dharma es brindar programas de servicio espiritual y educacional que promueva paz, alegría y alta conducta ética.

Los seis principios de la Asociación Budista del Reino del Dharma son:

No pelear.

No codiciar.

No pedir.

No tener egoísmo.

No buscar el beneficio personal.
No mentir.

De acuerdo al Credo de la Asociación:

Tiritando, no especulamos.
Famélicos, no mendigamos.
En suma pobreza, no pedimos.
Aceptamos las condiciones y no cambiamos; sin cambiar, aceptamos las condiciones.
Adherimos firmemente a estos
tres grandes principios.
Renunciamos a nuestras vidas
para llevar a cabo la tarea de Buda.
Tomamos la responsabilidad
de modelar nuestros propios destinos.
Como deber del Sangha,
rectificamos nuestras vidas.
En los detalles vemos claramente
los principios.
Entendiendo los principios,
los aplicamos en lo específico.
Mantenemos el pulso singular de la transmisión de la mente de los patriarcas.

Reseña Biográfica del Venerable Maestro Hsuan Hua

El Venerable Maestro, nativo del Condado de Shuangcheng 雙城 en la Provincia de Jilin 吉林, China, nació el día dieciséis del tercer mes lunar, en el año de *wuwu* a comienzos de siglo. Fue llamado Yushu 玉書 (o Yuxi 玉禧) Bai 白. Su padre, Fuhai Bai 白富海, era muy trabajador y ahorrativo. El apellido de soltera de su madre era Hu 胡氏; comía solamente alimentos vegetarianos y recitaba el nombre de Buda todos los días. Cuando ella estaba embarazada del Maestro le rezaba a Buda y a los Bodhisattvas. Así la noche anterior al nacimiento, en un sueño, ella vio al Buda Amitābha emitiendo una luz brillante. Luego nació el Maestro.

El Maestro era callado y silencioso por naturaleza, pero tenía un espíritu correcto y heroico. De niño seguía el ejemplo de su madre y comía solamente vegetales y recitaba el nombre de Buda. A la edad de once años la visión de una infanta sin vida lo hizo tomar conciencia de la gran cuestión de la vida y la muerte, entonces resolvió convertirse en monje. A los doce años, escuchó como el Buen Hijo Wong 王孝子 (el Gran Maestro Chang Ren 常仁大師) del Condado de Shuangcheng había practicado la piedad filial y obtuvo el Camino, y realizó entonces los votos de seguir el ejemplo del Buen Hijo. El Maestro decidió inclinarse en reverencia ante sus padres todas las mañanas y tardes como una manera de reconocer sus faltas y devolver a sus padres la bondad recibida. Por su piedad filial fue conocido como el Buen Hijo Bai.

A los quince años tomó refugio bajo el Venerable Maestro Chang Zhi 常智大師. Ese año comenzó las clases en el colegio y logró dominar *los Cuatro Libros* 四書, *los Cinco Clásicos* 五經, los libros de varias escuelas de pensamiento chinas, los campos de medicina, adivinación, astrología y fisionomía. Participó en la Sociedad de la Virtud y otras sociedades de beneficencia. Explicó *el Sutra del Sexto Patriarca* 六祖壇經, *el Sutra del Diamante* 金剛經 y otros sutras para los que eran iletrados y empezó una escuela gratuita para los pobres.

Cuando tenía diecinueve años su madre murió, y entonces le pidió al Venerable Maestro Chang Zhi 常智大師 del Monasterio Sanyuan 三緣寺 (Tres Condiciones) que afeitara su cabeza. Le fue dado el nombre de Dharma de An Tse y el nombre de estilo To Lun. Vestido con túnicas de monjes construyó una simple casilla al lado de la tumba de su madre y vivió ahí durante tres años observando la piedad filial. Durante ese período, hizo dieciocho grandes votos. Se inclinó en reverencia hacia *el Sutra de la Guirnalda de Flores* 華嚴經, se comprometió al arrepentimiento y adoración, practicó la meditación, estudió las escrituras, y comía solamente una comida al día sin recostarse por la noche para dormir. Sus sinceros esfuerzos por purificar y cultivarse a sí mismo hicieron que ganase la admiración de los pobladores y evocara las respuestas de los Budas, Bodhisattvas, y dioses y dragones protectores del Dharma. Fue reconocido como un monje extraordinario.

Un día, cuando estaba sentado en meditación, vio venir a su casilla el Gran Maestro, el Sexto Patriarca, para visitarlo y decirle, "En el futuro tú irás a Occidente y conocerás incontables personas. Los seres vivientes que enseñes y transformes serán tan incontables como las arenas del Río Ganges. Esto marcará el comienzo del Budadharma en Occidente". Luego de decir esto, el Sexto Patriarca se desvaneció. Después de que el Maestro completó su observación de la piedad filial, se dirigió a la Montaña Changbai 長白山, en donde vivió en reclusión y practicó austeridades en la Cueva de Amitābha. Luego volvió al Monasterio Sanyuan y se convirtió en el líder de la asamblea.

Durante sus años en Manchuria, el Maestro enseñó a la gente

según sus potenciales. Despertó a aquellos que estaban confundidos y salvó muchas vidas. Incontables dragones, víboras, zorros, fantasmas y espíritus tomaron refugio con él y recibieron los preceptos, cambiando su mal y cultivando la bondad.

En 1946, el Maestro, se embarcó en un arduo viaje a Caoxi 曹溪, Guangzhou 廣州, para rendirle homenaje al Anciano Maestro Hsu Yun, a quien él estimaba como un héroe del Budismo. En el camino se hospedó en muchos renombrados monasterios de China y recibió su ordenación completa en el Monte Putuo en 1947. Llegó al Monasterio Nanhua 南華寺 en 1948 y rindió homenajes al Anciano Maestro Hsu Yun虛雲老和尚. El Anciano Maestro lo señaló como uno de los instructores y luego como Decano de Asuntos Académicos de la Academia Vinaya de Nanhua. Él vio que el Maestro era un individuo sobresaliente y le trasmitió el Dharma, dándole el nombre de Dharma de Hsuan Hua y haciéndolo el Noveno Patriarca del linaje Wei Yang溈仰宗, la cuadragésima sexta generación desde el Venerable Mahākaśyapa摩訶迦葉, el primer Patriarca.

En 1949, el Maestro se despidió del Anciano Maestro Yun y fue a Hong Kong. Al enseñar el Dharma allí enfatizó las cinco escuelas del Budismo: Chan, de la Doctrina, Vinaya, Esotérica y de la Tierra Pura. Renovó templos antiguos, imprimió Sutras y construyó imágenes. Entre los templos que fundó estaban el

Monasterio de los Jardines de la Bendición Occidental, el Monasterio Chan de Cixing 慈興禪寺 y el Salón de Conferencias Budistas 佛教講堂. Durante un período de más de diez años, creó extensas afinidades de Dharma con las personas de Hong Kong. Los sutras que explicó incluían *el Sutra de Kṣtigarbha* 地藏經, *el Sutra del Diamante, el Sutra de Amitābha* 彌陀經, *el Sutra de Sūrāṅgama* 楞嚴經 *y el Capítulo de la Puerta Universal del Sutra del Loto* 妙法蓮華經普門品. Convocó Asambleas de Dharma tales como la del Arrepentimiento de la Gran Compasión, la del Maestro de la Medicina, y sesiones de meditación y recitación. Publicó la revista Hsin Fa (Dharma de la Mente).

Como resultado de sus celosos esfuerzos por propagar el Dharma, el mismo floreció en Hong Kong. Durante ese tiempo visitó también otros países para estudiar el Budismo Theravada, tales como Tailandia y Burma. Él esperaba poder establecer la comunicación entre las tradiciones Mahayana y Therevada y así unir las diferentes sectas del Budismo.

En 1959 vio que en occidente las condiciones ya estaban maduras y encomendó a sus discípulos que crearan la Asociación Budista Sino-Americana (luego llamada Asociación Budista del Reino del Dharma) en los Estados Unidos. En 1961 viajó a Australia y predicó el Dharma durante un año. Retornó a Hong Kong en 1962 debido a que las condiciones no eran apropiadas.

En ese mismo año, más tarde, por invitación de los budistas de América, el Maestro viajó solo a los Estados Unidos y enarboló el estandarte del Dharma Ortodoxo en el Salón de Conferencias Budistas de San Francisco. Viviendo en sótano húmedo y sin ventanas, el cual era parecido a una tumba, se llamó a sí mismo el Monje de la Tumba.

Cuando en Cuba comenzó la crisis de misiles, el Maestro se embarcó en un ayuno de treinta y cinco días para rezar que finalicen las hostilidades y por la paz mundial. Cuando finalizó su ayuno, la crisis había sido resuelta.

En 1968, durante la Sesión de Verano de práctica y estudio del *Sutra Sūrāṅgama*, más de treinta estudiantes de la Universidad de Washington, en Seattle, fueron a San Francisco para estudiar con el Maestro. Al final de la Sesión, cinco de ellos pidieron permiso para afeitar su cabeza y dejar la vida laica. Ese fue el principio del Sangha en la historia del Budismo americano.

El Maestro mismo se ocupó de propagar el Dharma, dirigiendo la traducción del Canon Budista y desarrollando la educación. Aceptó a muchos discípulos, fundó monasterios y marcó principios. Exhortó a sus discípulos a que trabajen duramente para hacer que el Dharma Ortodoxo florezca eternamente a través del reino del Dharma.

El Maestro dio conferencias sobre los Sutras y habló sobre el

Dharma todos los días durante varias décadas, explicando los profundos principios de una manera fácil de comprender. También entrenó a sus discípulos, monjes y laicos, para explicar las enseñanzas. Lideró varias delegaciones con el fin de diseminar el Dharma en muchas universidades y muchos países alrededor del mundo con el objetivo de dirigir a los seres vivientes en todo el mundo hacia la bondad y el encuentro de la sabiduría innata.

Hasta la fecha han sido traducido al inglés más de un centenar de volúmenes de las explicaciones del Maestro acerca de las escrituras, algunos también al español, vietnamita, japonés, italiano y otros idiomas. El objetivo del Maestro es el de traducir el Canon Budista a todos los idiomas del mundo, así el Dharma se hará popular en todas partes del mundo.

El Maestro fundó la Escuela Primaria "Enseñanza de la Bondad" (Instilling Goodness Elementary School), la Escuela Secundaria "Desarrollo de la Virtud" (Developing Virtue Secondary School), la Universidad Budista del Reino del Dharma (Dharma Realm Buddhist University) y el Programa para Entrenamiento del Sangha y el Laicado (Sangha and Laity Training Programs) en la Ciudad de los Diez Mil Budas.

En muchos de los monasterios que pertenecen a la Asociación Budista del Reino del Dharma (Dharma Realm Buddhist Association) también se dictan clases de idioma Chino e Inglés para niños. Estos programas educativos están basados en las ocho virtudes de: filialidad, respeto fraternal, lealtad, confianza, cortesía, rectitud, incorruptibilidad y sentido de la vergüenza. Para poder alentar a los estudiantes a que desarrollen las virtudes de la bondad, compasión, alegría y caridad y educarlos para que sean hombres y mujeres de integridad que puedan contribuir a la sociedad. Los niños y las niñas estudian separadamente, y los maestros voluntarios toman la educación como una responsabilidad personal.

El Maestro enseñó a sus discípulos a meditar, recitar el nombre de Buda, practicar el arrepentimiento, estudiar los Sutras y observar los preceptos estrictamente. Les enseñó a comer una sola comida por día (el almuerzo) y a usar el ceñidor de los preceptos. Les enseñó a vivir en armonía y a alentarse los unos a los otros. Bajo su dirección, ha crecido en el occidente un Sangha que practica y mantiene el Dharma Ortodoxo. El Maestro fundó la Ciudad de Los Diez Mil Budas como una comunidad espiritual internacional en donde estudiantes y buscadores de la verdad puedan estudiar y trabajar juntos por la paz mundial y la armonía entre las religiones.

La vida del Maestro fue una vida totalmente carente de egoísmo. Él hizo votos para tomar el sufrimiento y las dificultades de todos los seres vivientes sobre sí mismo, y de dedicarles todas las bendiciones y la felicidad que él mismo deba disfrutar. Practicó lo difícil de practicar y toleró lo difícil de tolerar. Ningún sufrimiento pudo desviarlo de cumplir con sus amplias resoluciones.

Él compuso esta poesía que expresa sus principios:

Muertos de frío, no intrigamos.
Muertos de hambre, no mendigamos.
Muertos de pobreza, no pedimos nada.
Concordando con las condiciones, no cambiamos;
Sin cambiar, concordamos con las condiciones.
Nos adherimos firmemente a nuestros tres grandes principios.
Renunciamos a nuestras vidas para llevar a cabo las tareas de Buda.
Tomamos la responsabilidad de modelar nuestros propios destinos.
Rectificamos nuestras vida como una tarea del Sangha (Comunidad monástica)
En las cosas específicas vemos claramente los principios.
Entendiendo los principios, los aplicamos en las cosas específicas.
Nosotros llevamos el pulso singular de la transmisión mental de los patriarcas.

Benefició a muchos a través de su inflexible conservación de los seis principios guías de: no pelear, no codiciar, no pedir, no ser egoísta, no buscar beneficio personal y no mentir. Se dedicó a servir a los demás y les enseñó con sabiduría y compasión. Su ejemplo personal influenció incontables personas a cambiar sus faltas y a caminar sobre el puro y luminoso camino hacia la Iluminación.

Si bien el Maestro manifestó su entrada al nirvāṇa el 7 de Junio de 1995 (el décimo día del quinto mes lunar) él constantemente hace girar la infinita rueda del Dharma. Él vino del espacio vacío y retornó al espacio vacío sin dejar rastro alguno. Lo menos que nosotros podemos hacer por la profunda bondad del Maestro es seguir sus enseñanzas de manera cuidadosa, mantener nuestros principios y avanzar de forma vigorosa hacia la Bodhi.

Los Dieciocho Grandes Votos del Venerable Maestro Hsuan Hua

1. Realizo el voto de no obtener la Perfecta Iluminación mientras haya un sólo Bodhisattva que en los tres períodos del tiempo, a través de las diez direcciones del Reino del Dharma, hasta el mismo fin del espacio vacío; no haya alcanzado la Budeidad.

2. Realizo el voto de no obtener la Perfecta Iluminación mientras haya un sólo Pratyekabuddha que en los tres períodos del tiempo, a través de las diez direcciones del Reino del Dharma, hasta el mismo fin del espacio vacío; no haya alcanzado la Budeidad.

3. Realizo el voto de no obtener la Perfecta Iluminación mientras haya un sólo Śrāvaka en los tres períodos del tiempo que a través de las diez direcciones del Reino del Dharma, hasta el mismo fin del espacio vacío; no haya alcanzado la Budeidad.

4. Realizo el voto de no obtener la Perfecta Iluminación mientras haya un sólo ser celestial en el Triple Reino que no haya alcanzado la Budeidad.

5. Realizo el voto de no obtener la Perfecta Iluminación mientras haya un sólo ser humano que en los mundos de las diez direcciones, no haya alcanzado la Budeidad.

6. Realizo el voto de no obtener la Perfecta Iluminación mientras haya un sólo asura que no haya alcanzado la Budeidad.

7. Realizo el voto de no obtener la Perfecta Iluminación mientras haya un sólo animal que no haya alcanzado la Budeidad.

8. Realizo el voto de no obtener la Perfecta Iluminación mientras haya un sólo fantasma hambriento que no haya alcanzado la Budeidad.

9. Realizo el voto de no obtener la Perfecta Iluminación mientras haya un sólo ser infernal que no haya alcanzado la Budeidad.

10. Realizo el voto de no obtener la Perfecta Iluminación mientras haya un sólo dios, inmortal, humano, asura, criatura del aire o

de la tierra; objeto inanimado o animado; o un sólo dragón, bestia, fantasma o espíritu, y demás; que dentro del reino espiritual haya tomado refugio conmigo y no haya alcanzado la Budeidad.

11. Realizo el voto de dedicar por completo a todos los seres vivientes en el Reino del Dharma, todas las bendiciones y dicha que yo mismo debería recibir y disfrutar.

12. Realizo el voto de que todos los sufrimientos y dificultades de los seres vivientes en el Reino del Dharma en su totalidad, recaigan por completo sobre mí.

13. Realizo el voto de manifestar innumerables cuerpos mediante los cuales pueda acceder a las mentes de los seres vivientes que en todo el universo no creen en el Buddhadharma. De ese modo podré encausarlos para que corrijan sus faltas y tiendan hacia lo bueno, a que se arrepientan de sus errores y comiencen nuevamente, a que tomen refugio en la Triple Joya; y finalmente alcancen la Budeidad.

14. Realizo el voto de que todos los seres vivientes que vean mi rostro, o que aunque sea escuchen mi nombre, puedan fijar sus

pensamientos en la Bodhi, y prontamente alcancen el Sendero de Buda.

15. Realizo el voto de respetar las instrucciones de Buda y de cultivar la práctica de comer solamente una vez al día.

16. Realizo el voto de iluminar a todos los seres sensibles, respondiendo universalmente a la multitud de los diferentes potenciales.

17. Realizo el voto de obtener en esta misma vida los cinco ojos espirituales, los seis poderes espirituales; y la libertad de ser capaz de volar.

18. Realizo el voto de que todos mis votos sean cumplidos con certitud.

Glosario

Este glosario es una guía para los lectores no familiarizados con la terminología budistas, sus explicaciones son simples y no necesariamente extensas.

Ajñatakaundinya阿若憍陳如. Uno de los primeros cinco discípulos del Buda Śākyamuni. Fue el primero en iluminarse después de haber escuchado el sermón predicado por Buda, en el Parque de los Ciervos. Su nombre literalmente significa "el primero en comprender".

Anagamin 阿那含. El que ha realizado el tercer nivel de la vida monacal y ha eliminado los nueve grados de ilusión del pensamiento en el reino del deseo.

Arhat 阿羅漢. Una de las fruiciones del Camino de cultivación. Los Arhates han logrado la cesación del nacimiento y muerte involuntario-físico. La palabra tiene tres significados: (1) digno de las ofrendas, (2) ejecutor de los ladrones –los ladrones son las aflicciones y las efusiones exteriores–, (3) libre del nacimiento.

Asura 阿修羅. Ellos son temperamentales y están siempre enfadados.

Bhagavan 婆伽梵. Palabra sánscrita que lleva seis significados –confortable, renombrado, adornado, resplandeciente, propicio y honrado–.

Bhikṣu 比丘. Monje Budista que ha recibido la transmisión completa de las reglas (250 preceptos). Bhikṣu, palabra sánscrita que tiene tres significados: (1) mendicante, (2) el que atemoriza a Mara (el rey de los demonios), (3) destructor del mal.

Bodhi 菩提. Iluminación.

Bodhisattva 菩薩. Palabra sánscrita. Ser iluminado que no entra al nirvāṇa, en cambio decide permanecer en el mundo y salvar a los seres vivientes.

Brahman 婆羅門. El que se consagra a una vida pura, ello forma la clase sacerdotal, una de las dos clases nobles en la antigua India.

Buda Amitābha 阿彌陀佛. Amitābha, palabra sánscrita que significa Luz Infinita. Se lo conoce también con el nombre Amitāyus, Vida Infinita. Él es el Buda de la Tierra de la Suprema

Felicidad en el Oeste, quien realizó 48 grandes votos de eliminar el karma y salvar a todo áquel que recite su nombre con una mente concentrada. Aquella persona nacerá en un loto en su Tierra, y una vez abierto el loto, podrá ver al Buda, despertando a la paciencia de la no-producción.

Buda Maestro de la Medicina 藥師佛. Él otorga bendiciones y vidas pronlongadas, previene de las calamidades, enfermedades y ofensas; cumpliendo además los deseos de todos los seres vivientes.

Buda 佛. Ser que ha logrado la Insuperable, Apropiada, Ecuánime y Perfecta Iluminación. Todos los Budas tienen Tres Cuerpos (El Cuerpo del Dharma, Recompensa, y Transformación); Cuatro Sabidurías (la Sabiduría de Llevar a cabo Exitosamente Todo Emprendimiento; la Sabiduría de la Contemplación Maravillosa; la Sabiduría de la Igualdad; y la Sabiduría del Perfecto Gran Espejo); Cinco Ojos (el Ojo de Buda, Dharma, Sabiduría, Celestial y Carne); y Seis Penetraciones Espirituales (la Penetración del Ojo Celestial, Oído Celestial, el Conocimiento de los Pensamientos de los Otros, el Conocimiento de las Vidas Pasadas, el Espíritu Completo, y la Extinción de las Efusiones Exteriores.)

Cinco actos de rebelión 五逆罪. (1) matar a nuestro padre, (2) matar a nuestra madre, (3) matar a un Maestro, (4) destruir la armonía del Sangha, (5) derramar la sangre de un Buda.

Cinco deseos 五欲. Riqueza, sexo, fama, comer, y dormir.

Cinco Skandhas 五陰. Forma, sensación, pensamiento, volición, y conciencia. Todos los seres reciben estos cinco cada vez que renacen, perdiéndolos en la muerte. Estos son los que atan a los seres a la existencia. 'Forma' se refiere al cuerpo físico; 'sensación' a las reacciones emocionales; y 'pensamiento, volición, y conciencia' a la parte mental.

Cinco turbiedades 五濁. (1) La turbiedad del eón, (2) la turbiedad de las visiones, (3) la turbiedad de las aflicciones, (4) la turbiedad de los seres vivientes, (5) la turbiedad de la vida.

Cuatro Grandes Elementos 四大. Tierra, agua, fuego, y aire.

Cuatro Maras 四魔. El significado literal de "Mara" es "quitar la vida", o "el que mata". Porque Mara quita la vida de la Sabiduría y mata las buenas raíces de la liberación. Estos cuatro son: (1) Mara de Skandha: los cinco agregados –forma, sensación, pensamiento, volición, y conciencia– dan fruto al nacimiento y muerte que quita la vida de la sabiduría. (2)Mara de las aflicciones: todas las aflicciones y falsas ilusiones que impiden a los cultivadores alcanzar la Bodhi; por eso, se lo considera otro tipo de demonio. (3)Mara de la muerte: Los cuatro elementos se dispersan al morir, de esa forma impiden a los cultivadores continuar su vida sagrada. (4)Mara Celestial: es el demonio que reside en el Sexto Cielo del Reino del Deseo. Este tipo de demonio perturba especialmente a los que hacen esfuerzos por terminar el ciclo de nacer y morir.

Cuatro Nobles Verdades 四聖諦. Las Verdades del Sufrimiento, Acumulación, Cesación, y el Camino, éstas son cultivadas por Los que Escuchan los Sonidos (Śrāvakas).

Dharma no condicionado 無為法. No sujeto a una causa o condición; permanente, eterno, libre de pasiones o sentidos; está fuera del tiempo; supramundano.

Dharma 法. Dharma, en mayúscula, se refiere a la enseñanza de Buda. El dharma, en minúscula, se refiere a cosas o métodos de todas las entidades –físicas y mentales.

Dharmakaya 法體. Literalmente "cuerpo de la doctrina". Se refiere al Dharma o a la Verdad.

Dhyana 禪那. "Chan" en chino, "Zen" en japonés. Estos términos se refieren a la meditación. Hay cuatro niveles certificables de dhyana en los Cielos del Reino de la Forma.

Diez buenos actos 十善道. No matar, no robar, no involucrarse en conductas sexuales impropias, no mentir, no tener discursos violentos, no crear discordia, no tener un discurso frívolo, no codiciar, no odiar, no ser confuso.

Diez direcciones 十方. Este, Oeste, Norte, Sur, Noreste, Sudeste, Noroeste, Sudoeste, Arriba y Abajo.

Doce Causas Condicionadas 十二因緣. La ignorancia, la actividad, la conciencia, el nombre y la forma, las seis entradas, el contacto, el sentimiento, el anhelo, el apego, el devenir, el nacimiento, el envejecimiento y la muerte.

Dos Vehículos 二乘. Se refiere a "Los que Escuchan los Sonidos" (Śrāvakas) y a "Aquéllos Iluminados por los doce eslabones condicionados de la causación" (Pratyekabuddhas), aquéllos que siguen el Vehículo Pequeño o las Enseñanzas del Hinayana.

Dragones 龍. Seres mágicos que en sus vidas pasadas cultivaron vigorosamente los Dharmas, pero desatendíeron a los preceptos. En consecuencia cayeron en el reino del animal, pero debido a su práctica tienen poderes espirituales.

Externalismo 外道. En la definición tradicional, se refiere a las doctrinas que conducen a uno "buscar el Camino hacia fuera". Específicamente se refiere a las sectas religiosas que sostienen el eternalismo (que todo continúa sin cesar) o nihilismo (después de la muerte no hay nada) –las doctrinas que defienden "la existencia" o "la inexistencia" como su premisa básica–.

Gandharvas 乾闥婆. Son espíritus que ejecutan una música maravillosa para el Emperador de Jade, el Emperador los atrae con un tipo de incienso, y al oler el incienso ellos acuden a su Palacio donde comienzan a bailar y a cantar.

Garuḍa 迦樓羅. Son grandes pájaros Peng, de alas doradas. Tienen también la habilidad de variar sus tamaños de pequeño a grande, y de aparecer o desaparecer a voluntad. Ellos tienen grandes penetraciones espirituales, y los dragones les temen más que a ningurno.

Gran Vehículo 大乘. Mahayana en sánscrito. Descripto por siete tipos de grandezas: (1) la Grandeza del Dharma (el canon budista entero); (2) la Grandeza de la Resolución (la propia salvación y la de todos los seres vivientes, conduciéndose a sí mismos y a todos a la Perfecta Iluminación); (3) Comprender el Gran Tesoro (uno de los alcances del Bodhisattva); (4) la Grandeza de la Pureza (Preceptos); (5) la Grandeza del Adorno (bendición y sabiduría); (6) la Grandeza del Tiempo (tan largo como los tres grandes eones); (7) la Grandeza de la Perfección (cumplimiento de las Seis Paramitas, miríadas de prácticas y el logro de la Bodhi).

Honrado por el Mundo 世尊. Una de las diez formas de referirse a un Buda.

Kalpa 劫. Palabra sánscrita que significa tiempo muy largo.

Karma 業. Palabra sánscrita, significa "actos" o "lo que está hecho". El karma puede ser bueno, malo, o neutral. Se crea con el cuerpo, la boca y la mente. Las semillas de karma se guardan en la octava conciencia y transmigran con el individuo hasta que las retribuciones sean equilibradas.

Kinnaras 緊那羅. Son llamados "espíritus escépticos" porque aparecen como humanos, a excepción de que poseen un único cuerno en la cima de sus cabezas. Ellos también ejecutan una música sumamente delicada.

Los que dejan la vida hogareña 出家人. Aquéllos que renuncian a la vida familiar y se convierten en monjes o monjas para consagrarse a la práctica de la enseñanza de Buda.

Los que Escuchan los Sonidos 聲聞. Śrāvakas en sánscrito, son también conocido como "Arhates" o como los de los Dos Vehículos. Ellos escuchan la enseñanza de Buda, cultivan las Cuatro Nobles Verdades, se iluminan y comprenden el Camino.

Mahāsattva 摩訶薩. "Mahā" significa grande, y "sattva", ser. Literalmente significa "el gran ser".

Mahoragas 摩睺羅伽. Son espíritus de enormes cuernos.

Mérito y virtud 功德. El mérito se establece externamente, mientras que la virtud se acumula en el interior. Uno crea mérito al construir templos, al reparar puentes, o haciendo todo tipo de trabajo en beneficio de los demás. La virtud existe dentro de uno mismo. Quien es virtuoso carece de mala conciencia, no tiene motivos para avergonzarse ante nadie.

Nirvāṇa 涅槃. Palabra sánscrita que se interpreta como "perfecta quietud". Hay varios tipos de nirvāṇa alcanzados por los sabios en distintas etapas de su Iluminación. Los más conocidos son estos cuatro: (1) Nirvāṇa de la naturaleza pura y clara. Todos los seres poseen esta naturaleza pura, sean santos o comunes. Esta naturaleza no está sujeta al nacimiento ni a la muerte. (2) Nirvāṇa con residuo. Uno todavía está sujeto al nacimiento y muerte en sección, que es el nacimiento y la muerte del cuerpo físico. (3) Nirvāṇa sin residuo. Se acaba con el nacimiento y muerte en sección, así como con las aflicciones. (4) Nirvāṇa sin morada. La sabiduría y la compasión actúan recíprocamente. Aquéllos que han logrado este nirvāṇa continúan salvando a los seres, pero ellos no están sujetos al nacimiento y la muerte.

Octuple División 天龍八部. Formada por los dioses, dragones, yakṣas, gandharvas, asuras, garuḍas, kinnaras y mahoragas.

Ocho sufrimientos 八苦. (1) El sufrimiento del nacimiento, (2) el sufrimiento de la vejez, (3) el sufrimiento de la enfermedad, (4) el sufrimiento de la muerte, (5) el sufrimiento de ser apartado de los seres que uno ama, (6) el sufrimiento de estar unido a quienes uno odia, (7) el sufrimiento de no obtener lo que se busca, (8) el sufrimiento del fuego abrazador de los cinco skandhas.

Pensamiento falso 妄想. Se refiere a los movimientos de la mente, sobre todo la conjunción de la sexta conciencia con la séptima. Esto es como el flujo de pensamientos o de la conciencia al azar, que continúa sin cesar; o como las olas de un río.

Pratyekabuddha 辟支佛. El que se ha Iluminado al contemplar los doce eslabones condicionados de la causación, la impermanente naturaleza de los millares de fenómenos.

Preceptos 戒律. Los códigos morales establecidos por Buda. Existen diferentes tipos de preceptos: (1) Cinco preceptos, los cuales se mantienen de por vida. (2) Ocho preceptos puros, los cuales se mantienen por un período de tiempo. (3) Preceptos de Bodhisattva para laicos. (4) Diez Preceptos de Śrāmaṇera y

Śrāmaṇerikā, para novicios y novicias. (5) 10 Preceptos Mayores y 48 Preceptos Menores de Bodhisattva para monjes y monjas. (6) 250 Preceptos de Bhikṣu para monjes. (7) 348 Preceptos de Bhikṣunī para monjas. Los preceptos son reglas que incluyen. (a) abstinencia de las acciones inmorales, (b) la guía para hacer el bien y (c) la guía para ayudar a los demás.

Rey de los demonios 魔王. Mara, en sánscrito, significa "malo". El rey de los demonios reside en el Sexto Cielo del Reino del Deseo.

Rueda de Dharma de las Cuatro Nobles Verdades 四諦法輪. Rueda de la Ley. La Verdad de Buda que rueda de hombre en hombre, de lugar en lugar, de era en era. Ponerla en movimiento significa predicar esta verdad. Estas cuatro Verdades son: (1) Sufrimiento: la condición básica de la existencia humana es el dolor. Es la Verdad que debemos saber. (2) Acumulación: este dolor o sufrimiento proviene de las aflicciones, que se deben a la ignorancia y el deseo acumulado. Entonces queremos cortarlas. (3) Extinción: los sufrimientos pueden ser eliminados. Por lo tanto, anhelamos exterminarlos. (4) Camino: el Camino de la cultivación es el método de terminar los sufrimientos. Entonces, debemos practicar.

Sakridagamin 斯陀含. El que ha alcanzado el segundo nivel monacal. Renacerá una vez más antes de alcanzar el nirvāṇa.

Samadhi 三昧. La concentración lograda mediante la meditación. Hay muchos tipos y niveles de samadhi.

Seis requerimientos 六種成就. Fe, oyente, tiempo, hospedero, sitio, audiencia.

Śrāmaṇa 沙門. Palabra de origen sánscrito, cuyo significado es "hacer esfuerzo" por realizar austeridades; aquietar la mente y las pasiones. También puede ser traducido como asceta.

Siete objetos preciosos 七寶. Oro, plata, cristal, lapislázuli, perla, perla roja, y ágata.

Srotaapanna 須陀洹. El que ha alcanzado el primer nivel de la vida monacal.

Sutra 經. Palabra sánscrita que tiene cuatro significado: (1) *Compaginar.* Los principios y significados predicados por el Buda son compaginados desde el principio hasta el fin. (2) A*traer*. Significa reunir a todos los seres vivientes. (3) Ser *constante* significa que nunca cambiaron desde la antigüedad hasta el presente. Predicados por los Budas tanto del pasado, del presente, como del futuro; ellos siguen siendo los mismos. (4) Ser *una norma.* El Sutra es una norma seguida por todos los Budas y por todos los seres vivientes del pasado, presente y futuro. Una norma respetada por todos a través del tiempo. Los Sutras son los archivos de los sermones y conversaciones de los Budas, o los Bodhisattvas u otros discípulos de Buda que alcanzaron la Iluminación.

Tathāgata 如來. Uno de los diez epítetos que todos los Budas llevan. Literalmente significa "el que no viene y el que no va".

Transmigración 輪迴. Samsara en sánscrito, se refiere al ciclo incesante de nacimiento y muerte en los seis caminos que son: dioses, humanos, asuras, animales, fantasmas hambrientos, y seres de los infiernos.

Tres Estudios sin Efusiones Exteriores 三無漏學. (1) Preceptos. (2) Concentración. (3) Sabiduría.

Tres Grupos de Preceptos Puros 三聚淨戒. (1) Los preceptos que reúnen a los seres vivientes. (2) Los preceptos que constan de dharmas benéficos. (3) Los preceptos que constan de las reglas de disciplina y conducta.

Tres períodos de Dharma 法三時. (1) La Era del Correcto Dharma,

(2) la era de la Apariencia del Dharma, (3) la Era del Fin del Dharma.

Tres Períodos de tiempo 三時. Pasado, presente, y futuro.

Tres Reinos 三界. (1) El Reino del deseo, (2) el Reino de la forma, (3) el Reino sin forma.

Tres sufrimientos 三苦. (1) El sufrimiento dentro del sufrimiento, (2) el sufrimiento de la decadencia, (3) el sufrimiento del proceso.

Tres tipos de Generosidades 三種施. (1) Dar riqueza, (2) dar el Dharma, (3) dar valor.

Vaiḍūrya 琉璃. Palabra sánscrita, es un tipo de sustancia translúcida y es también el nombre de la tierra de recompensa del Buda Maestro de la Medicina.

Vinaya 戒律. Los códigos morales establecidos por los Budas. Uno de los tres tesoros del canon budista.

Yakṣas 夜叉. Fantasmas veloces, se clasifican en tres: los que viajan por el espacio, por tierra y por agua.

Índice Alfabético

A

Ajñatakaundinya 209
Amitābha 3
Amitāyus 3
Ananda 17
Anuttarasamyaksaṃbodhi 53
Arhat 29, 156
asura 42

B

banderas de cinco colores 166
Bhagavan 27
bhikṣu 33, 117
bhikṣunī 117
Bodhisattva 35, 45
Bodhisattva que Rescata y Libera 176
Bodhisattvas Mahāsattvas 13

Bodhisattvas Vajragarbha 13
brahman 37
Buda 35, 45
Buda Akṣobhya 3, 196
Buda Amitābha 3, 196
Buda Maestro de la Medicina 3, 196
Buda Śākyamuni 2

C

camino de la Bodhi 58
Cinco actos de rebelión 189
cinco turbiedades 199
cuarto gran voto 57
Cuatro Aplicaciones de la Atención 19
cuatro clases de Reyes 121
Cuatro Mentes Ilimitadas 245
Cuatro Nobles Verdades 59
Cuatro Preguntas 15
Cuatro Reyes Celestiales 118

D

Décimo gran voto 78
deseo 74
Dharmas de Sometimiento 13

diez títulos de un Buda 13
división Loto 196
división Vajra 13, 196
Doce Causas Condicionadas 59, 60
Dos Vehículos 62
dragón 39
Duodécimo gran voto 80

E

Era de la Apariencia del Dharma 46, 135
Era del Correcto Dharma 135
Era del Fin del Dharma 100, 135

F

fantasma 115
fantasmas de la parálisis 114, 125

G

gandharva 41
garuḍa 42

H

hechiza 116
hechizo 114

K

karma de la boca 122
karma de la mente 122
karma del cuerpo 121
kinnara 43
kṣatriya 171, 120
kumbhāṇḍa 114

M

Mahāsattva 37
mahoraga 43
malos presagios 145
Mañjuśrī 82
Mantra de los Dos Budas 45, 197
Mantra Puan 197
Mantra Sūrāṅgama 13
Mérito y virtud 9
montaña china Wutai 83
muerte a destiempo 178, 181, 184, 185
Mundo de las Cinco Turbiedades 85
mundo Sahā 2

N

Nirvāṇa 15
Noveno gran voto 75

O

ocho grandes Bodhisattvas 117
ocho sufrimientos 212
Octavo gran voto 73
Óctuple División 37

P

Paul Yubin 77
plantas picantes 143
prajña 33
Pratyekabuddha 59, 61, 159
Primer gran voto 51
prolongación de la vida 164

Q

Quinto gran voto 62

R

rākṣasa 113
Rey de la Justicia 158

rey Kali 208
rey Yama 158, 187
Reyes sabios que giran la rueda 121

S

sacrificio 116
Segundo gran voto 52
Seis Requerimientos 25
senderos desviados 58
Séptimo gran voto 70
Sexto gran voto 66
Sutra 11, 199
Sutra de Amitābha 70

T

Tathāgata 13
Tercer gran voto 55
Tierra de la Suprema Felicidad 3, 86
Tierra Vaiḍūrya 45, 86
Tres dudas de la Asamblea 21
Tres Grupos de Preceptos Puros 64
tres sufrimientos 211
tres tipos de Generosidades 94
Triple Joya 187, 190

U

upāsaka 37, 117
upāsikā 37, 117

V

Vaiḍūrya 11
Vaiśāli 31
Vajragarbha 13
voto 52

Y

yakṣa 39, 40, 110

Verso de Transferencia

Que el mérito y la virtud derivados de esta obra,
adornen la Tierra Pura de los Budas,
retribuyendo la benevolencia recibida,
y ayudando a quienes sufren en los senderos inferiores.
Puedan todos aquéllos que lean este libro
realizar el voto de alcanzar la Iluminación,
y cuando este cuerpo de retribución finalice,
nazcan juntos en la Tierra de la Suprema Felicidad.

El Protector del Dharma Bodhisattva Weituo

Publicaciones de
La Asociación Budista
del Reino del Dharma y de la Sociedad
de Traducción de Textos Budistas

法界佛教總會佛經翻譯委員會

Textos Explicados por

el Venerable Maestro Hsuan Hua

宣化上人法音宣流

Libros, cassettes, cds y videos en chino, español, francés, inglés e italiano.

中、西、法、英、義大利文

佛經叢書、錄音帶、錄影帶、光碟目錄。

Número	Libros en español	Vol	Edición	Valor
1BSS001	El Sutra en Cuarenta y Dos Secciones El Sutra de las Ocho Comprensiones de los Grandes Seres	1	Tapa blanda	$5.00
1BSS002	Explicación General del Sutra en que el Buda Habla de Amitabha	1	Tapa blanda	$8.00
1BSS003	El Sutra Sobre Maestro de la Medicina	1	Tapa dura	$15.00
1BBS004	Relatos de la Vida del Venerable Maestro Hsuan Hua, volumen 1	1	Tapa blanda	$10.00
1BKS005	Los Diez Reinos del Dharma No Están Más Allá del Pensamiento	1	Tapa blanda	$5.00
1BKS006	El Camino a la Sabiduría: instrucciones prácticas sobre el Dharma por el Venerable Maestro Hsuan Hua, volumen 1	1	Tapa blanda	$7.00
1BKS007	El Camino a la Sabiduría: instrucciones prácticas sobre el Dharma por el Venerable Maestro Hsuan Hua, volumen 2	1	Tapa blanda	$7.00
1BKS008	Meditación Chan	1	Tapa blanda	$7.00

Code	French Book	Vol	Edition	US Price
1BKF001	Enseignements sur le Dharma par le Vénérable Maître Hua, volume 1	1	Softcover	$10.00

Code	Italian Book	Vol	Edition	US Price
1BKI001	Buddhismo: Una Breve Introduzione	1	Softcover	$10.00

Code	Commentary in English on Buddhist Sutras by Ven. Master Hua's	Vol	Edition	US Price
1BSE201	Amitabha Sutra	1	Softcover	$8.00
1BSE151-60	Dharma Flower (Lotus) Sutra (1 set, 10 books)	10	Softcover	$79.50
1BSE161-6	The Wonderful Dharma Lotus Flower Sutra (Vol. 11–16)	5	Hardcover	@$10.00
1BSE001-22	Flower Adornment (Avatamsaka) Sutra (1 set, 22 books)	22	Softcover	$174.50
1BSE071-4	Flower Adornment (Avatamsaka) Sutra Prologue (1set, 4 books)	4	Softcover	$38.00
1BSE411	Heart Sutra & Verses Without a Stand	1	Softcover	$7.50
1BSE521	Medicine Master Sutra	1	Softcover	$10.00
1BSE101-7	Shurangama Sutra (1 set, 7 books)	7	Softcover	$59.50
1BSE108	Shurangama Sutra, Vol.8: The Fifty Skandha-Demon States	1	Hardcover	$20.00
1BSE109	Great Strength Bodhisattva's Perfect Penetration	1	Softcover	$5.00
1BSE681	Shastra on the Door to Understanding the Hundred Dharmas	1	Softcover	$6.50
1BSE682	Sixth Patriarch Sutra	1	Hardcover	$15.00
1BSE683	Sixth Patriarch Sutra	1	Softcover	$10.00
1BSE684	Sutra In Forty-two Sections	1	Hardcover	$5.00
1BSE685	Sutra of the Past Vows of Earth Store Bodhisattva (commentary)	1	Hardcover	$16.00
1BSE687	Song of Enlightenment	1	Softcover	$5.00
1BSE811	Vajra Prajna Paramita (Diamond) Sutra	1	Softcover	$8.00
2BSE681	Sutra of the Past Vows of Earth Store Bodhisattva	1	Hardcover	$5.00
2BSE681	Sutra of the Past Vows of Earth Store Bodhisattva (sutra text only)	1	Softcover	$5.00

Code	**Ven. Master Hua's Talks on Dharma in English**	Vol	Edition	US Price
1BKE031	Buddha Root Farm	1	Softcover	$4.00
1BKE211	Herein Lies the Treasure Trove, Vol. 1	1	Softcover	$6.50
1BKE212	Herein Lies the Treasure Trove, Vol. 2	1	Softcover	$6.50
1BKE291	Listen to yourself, Think Everything Over, Vol. 1	1	Softcover	$7.00
1BKE292	Listen to yourself, Think Everything Over, Vol. 2	1	Softcover	2$7.00
	The Ten Dharma Realms Are Not Beyond a Single Thought	1	Softcover	$4.00
1BKE641	Water Mirror Reflecting Heaven	1	Softcover	$4.00

Code	**Other English Buddhist Books**	Vol.	Editon	US Price
2BKE351	News from True Cultivators, Vol. 1	1	Softcover	$6.00
2BKE352	News from True Cultivators, Vol. 2	1	Softcover	$6.00
2BKE551	Three Steps, One Bow (一禮三千)	1	Softcover	$5.00
2BKE641-9	With One Heart Bowing to the City of 10,000 Buddhas (1 set, 9 books)	9	Softcover	$63.00
2BKE650	World Peace Gathering	1	Softcover	$5.00
2BYE061	Cherishing Life, Vol. 1	1	Softcover	$5.00
2BYE062	Cherishing Life, Vol. 2	1	Softcover	$5.00
2BYE151	Filiality:The Human Source, Vol. 1	1	Softcover	$5.00
2BYE152	Filiality:The Human Source, Vol. 2	1	Softcover	$5.00
2BYE211	Human Roots-Buddhist Stories for Young Readers, Vol. 1	1	Softcover	$5.00
2BYE212	Human Roots-Buddhist Stories for Young Readers, Vol. 2	1	Softcover	$5.00
2BME481	Songs for Awakening	1	Softcover	$8.00

編號 Code	中英雙語佛書 Bilingual Chinese/English Buddhist Books	册V.	版本Edition	價格 Price
1BSB071	大方廣佛華嚴經疏序淺釋 Flower Adornment (Avatamsaka) Sutra Preface	1	平裝	$5.00
1BSB101	楞嚴經五十陰魔淺釋 The Shurangama Sutra: The Fifty Skandha-Demon States	1	精裝	$25.00
1BSB201	佛說四十二章經淺釋 The Sutra in Forty-two Sections Spoken by the Buddha	1	精裝	$12.00
1BKB001-7	宣化上人開示錄 Ven. Master Hua's Talks on Dharma, Vol. 1-7	7	平裝	@$7.50
1BKB013	宣化上人開示錄（一九九三訪臺開示） Ven. Master Hua's Talks on Dharma during the Trip to Taiwan 1993	1	平裝	$10.00
1BKB014	十法界不離一念心 The Ten Dharma Realms Are Not Beyond A Single-thoughts	1	平裝袖珍	$7.50
1BKB015	正法的代表（袖珍本） A Sure Sign of the Proper Dharma	1	平裝	$3.00
1BKB016	百年大事渾如夢（袖珍本） The Great Events of One Hundred Years Are Hazy As If a Dream	1	平裝	$3.00
1BKB017	皈依的真義（袖珍本） The True Meaning of Taking Refuge	1	平裝	$3.00
1BKB018	訪歐開示　Dharma Talks in Europe	1	平裝	$8.00
1BKB019	達摩祖師西來意（注音附圖） The Intention of Patriarch Bodhidharma's Coming from the West (illustrated with black and white Chinese brush drawings.)	1	平裝	$15.00

編號 Code	中英雙語佛書 Bilingual Chinese/English Buddhist Books	册 Vol	版本 Edition	價格Price
1BBB001	虛雲老和尚畫傳集 Pictorial Biography of the Ven. Master Hsu Yun	1	精裝	$15.00
1BBB002	虛雲老和尚畫傳集 Pictorial Biography of the Ven. Master Hsu Yun	2	平裝	@$8.00
1BBB003	宣化老和尚追思紀念專集（一） In Memory of the Ven. Master Hua's, Vol. 1	1	精裝	$25.00
1BBB004	宣化老和尚追思紀念專集（二） In Memory of the Ven. Master Hua's, Vol 2	1	精裝	$35.00
1BBB005	宣化老和尚示寂週年暨萬佛聖城成立廿週年紀念專集 In Memory of the First Anniversary of the Nirvana of Ven. Master Hsuan Hua and the 20th Anniversary of the City of 10,000 Buddhas	1	精裝	$30.00
1BBB006	萬佛聖城成立廿週年特刊 Celebrating the 20th Anniversary of the City of 10,000 Buddhas	2	平裝	$4.00
2BBB201	萬佛聖城日誦儀規 City of Ten Thousand Buddhas Recitation Hand-book	1	平裝	$7.00
2BBB202	初一、十五佛前大供儀規 The Meal Offering Before the Buddhas for First and Fifteen of Lunar Month	1	平裝	$5.00
2BBB203	大悲懺本 Great Compassion Repentance	1	平裝	$4.00
2BBB204	華嚴經普賢行願品・華嚴普賢行願懺儀・華嚴經疏序（合訂本）Flower Adornment Dharmas: Conduct and Vows of Universal Worthy, Flower Adornment Repentance, Flower Adornment Preface	1	精裝	$12.00

編號 Code	中英雙語佛書 Bilingual Chinese/English Buddhist Books	册 Vol	版本 Editon	價格Price
2BVB001	梵網經講錄 The Buddha Speaks the Brahma Net Sutra	2	平裝	$20.00
2BSC001	大方廣佛華嚴經（中文經文/漢語拼音） Avatmasaka Sutra (sutra text only, with Pinyin Romanization)	12	精裝	$100.00
2BSC003	大佛頂首楞嚴經（中文經文/漢語拼音/大本） Shurangama Sutra (sutra text only, with Pinyin Romanization)	1	精裝	$20.00
2BSC004	大佛頂首楞嚴經（中文經文/漢語拼音/中本） Shurangama Sutra (sutra text only, with Pinyin Romanization)	1	精裝	$15.00
2BSC151	妙法蓮華經（中文經文/漢語拼音/大本） The Wonderful Dharma Lotus Flower Sutra (sutra text only, with Pinyin Romanization)	1	精裝	$20.00
2BSC152	妙法蓮華經（中文經文/漢語拼音/中本） The Wonderful Dharma Lotus Flower Sutra (sutra text only, With Pinyin Romanization)	1	精裝	$15.00
2BSC202	地藏經（中文經文/漢語拼音） Sutra of the Past Vows of Earth Store Bodhisattva (sutra text only, with Pinyin Romanization)	1	精裝	$10.00
2BYB001	大龜王（兒童彩色佛書/注音） The Giant Turtle (Buddhist story for young readers)	1	平裝	$10.00

Code	Biographical in English		Edition	US Price
1BBE451	Records of High Sanghas	1	Softcover	$7.00
1BBE452	Records of the Life of the Ven. Master Hua, Vol. 1	1	Softcover	$5.00
1BBE453	Records of the Life of the Ven. Master Hua, Vol. 2	1	Softcover	$8.00

編號	宣化上人經典淺釋	冊	版本	價格
1BSC001	大方廣佛華嚴經淺釋	23	平裝	$173.00
1BSC002	華嚴經・普賢菩薩行願品淺釋	1	平裝	$6.00
1BSC071	大方廣佛華嚴經疏序淺釋	1	平裝	$6.00
1BSC072	大方廣佛華嚴經疏淺釋	2	精裝	$25.00
1BSC101	大佛頂首楞嚴經淺釋	2	精裝	$30.00
1BSC102	楞嚴經・大勢至菩薩念佛圓通章淺釋	1	平裝	$5.00
1BSC103	楞嚴經・五十陰魔淺釋	1	精裝	$20.00
1BSC105	楞嚴經・四種清淨明誨淺釋	1	平裝	$4.00
1BSC152	妙法蓮華經淺釋	2	精裝	$30.00
1BSC153	法華經・安樂行品淺釋	1	精裝	$12.00
1BSC155	法華經・觀世音菩薩普門品淺釋	1	平裝	$6.00
1BSC201	佛說四十二章經淺釋	1	精裝	$12.00
1BSC203	金剛般若波羅蜜經淺釋	1	精裝	$10.00
1BSC204	金剛般若波羅蜜經淺釋	1	平裝	$7.00
1BSC205	般若波羅蜜多心經非台頌解	1	平裝	$5.00
1BSC206	藥師琉璃光如來本願功德經淺釋	1	精裝	$12.00
1BSC208	佛說阿彌陀經淺釋	1	精裝	$10.00
1BSC211	地藏菩薩本願經淺釋	1	精裝	$20.00
1BSC212	大悲心陀羅尼經淺釋	1	精裝	$20.00
1BSC214	六祖法寶壇經淺釋（革新版）	2	精裝	$30.00
1BSC215	六祖法寶壇經淺釋	1	平裝	$8.00
1BSC216	永嘉大師證道歌淺釋	1	平裝	$6.00
1BSC217	永嘉大師證道歌詮釋（附圖）	1	平裝	$6.00
1BSC901	大乘百法明門論淺釋	1	平裝	$6.00
1BVC002	佛遺教經淺釋	1	平裝	$8.00

編號	宣化上人開示（中文佛書）	冊	版本	價格
1BKC003-4	宣化上人開示錄（五冊合訂）	2	精裝	$35.00
1BKC007-12	宣化上人開示錄	6	平裝	@$6.00
1BKC013	宣化上人開示錄（一九九三訪臺開示）	1	平裝	$7.50
1BKC014	人生要義	1	平裝	$6.00
1BKC015	佛教新紀元（訪歐開示）	1	平裝	$7.00
1BKC017	春日蓮華	1	平裝	$8.00
1BKC018	宣化上人法語開示	1	平裝	$6.00
1BKC019	教育救國	1	平裝	$8.00
1BKC020	十法界不離一念心	1	平裝	$6.00
1BKC025	法界唯心	1	平裝	$7.00
1BKC026-7	水鏡回天錄（正文）	2	精裝	$20.00
1BKC030	照妖鏡（宣化上人經典開示選輯1）	1	平裝	$7.00
1BKC031	菩提本無樹（宣化上人經典開示選輯）	1	平裝	$7.00
1BKC032	地獄不空（宣化上人經典開示選輯3）	1	平裝	$10.00
1BKC033	世紀末鐘聲（宣化上人語錄1）	1	平裝	$5.00
1BKC034	上宣下化老和尚偈讚歌詠專輯（彩色盒裝）	1	精裝	$100.00
1BKJ001	春日蓮華（日文版）	1	平裝	$5.00
1BKJ002	十法界不離一念心（日文版）	1	平裝	$5.00

編號	事蹟傳記	冊	版本	價格
1BBC001	再增訂佛祖道影	4	線裝	$25.00
1BBC003	宣化上人事蹟	1	平裝	$10.00
1BBC004	上宣下化老和尚略傳	1	平裝	$6.00
BB002	虛雲老和尚年譜	1	平裝	$6.00

編號	其他中文佛書	冊	版本	價格
2BSC001	大方廣佛華嚴經（經文/漢語拼音）	12	精裝	$100.00
2BSC002	大方廣佛華嚴經（經文/注音/盒裝）	6	袖珍	$25.00
2BSC101	大佛頂首楞嚴經（經文/注音）	1	袖珍	$10.00
2BSC102	大佛頂首楞嚴經（經文）	2	線裝	$30.00
2BSC103	大佛頂首楞嚴經（經文/漢語拼音/大本）	1	精裝	$20.00
2BSC104	大佛頂首楞嚴經（經文/漢語拼音/中本）	1	精裝	$15.00
2BSC141	楞嚴咒・大悲咒・十小咒（袖珍本）	1	平裝	結緣品
2BSC151	妙法蓮華經（經文/漢語拼音/大本）	1	精裝	$20.00
2BSC152	妙法蓮華經（經文/漢語拼音/中本）	1	精裝	$15.00
2BSC202	地藏經（經文/漢語拼音）	1	精裝	$10.00
2BSC204	法滅盡經（經文）	1	平裝	$2.00
2BSC205	誌公禪師因果經（經文）	1	精裝	$12.00
2BSC207	普賢菩薩行願品等六經咒（經文）	1	平裝	$6.00
2BSC209	楞伽經註	2	平裝	$12.00
2BSC210	楞伽經會譯	4	平裝	$24.00
2BSC211	觀楞伽阿跋多羅寶經記	6	平裝	$36.00
2BVC002	梵網經菩薩戒本持犯集證類編	1	平裝	$3.00
2BVC003	優婆塞戒經講錄	1	平裝	$6.00
2BVC004	學佛行儀、五戒表解合訂本	1	平裝	$4.00
2BKC001	禪海十珍	1	平裝	$5.00
2BKC002	參禪要旨（虛雲老和尚開示）	1	平裝	$5.00
2BKC005-6	佛教精進者的日記	2	平裝	$16.00
2BKC008	修行者的消息	1	平裝	$8.00
2BYC001	人之根（注音版）	1	平裝	$7.00

編號	宣化上人經典淺釋 (中文錄音帶)	卷	包裝	價格
1TSC001	華嚴經・普賢行願品	18	盒裝	$40.00
1TSC002	華嚴經・淨行品淺釋	12	盒裝	$36.00
1TSC071	大方廣佛華嚴經疏序淺釋	8	盒裝	$24.00
1TSC101	大佛頂首楞嚴經淺釋	120	盒裝	$320.00
1TSC102	楞嚴經・四種清淨明誨淺釋	4	盒裝	$12.00
1TSC103	楞嚴經・大勢至菩薩念佛圓通章淺釋	4	盒裝	$15.00
1TSC151	法華經・安樂行品淺釋	9	盒裝	$27.00
1TSC152	法華經・觀世音菩薩普門品淺釋	15	盒裝	$30.00
1TSC201	佛說四十二章經淺釋	6	盒裝	$18.00
1TSC202	金剛般若波羅蜜經淺釋	14	盒裝	$35.00
1TSC203	般若波羅蜜多心經非台頌解	8	盒裝	$24.00
1TSC204	佛說阿彌陀經淺釋	14	盒裝	$42.00
1TSC205	六祖法寶壇經淺釋	24	盒裝	$60.00
1TSC206	永嘉大師證道歌淺釋	11	盒裝	$33.00
1TSC207	勸發菩提心文淺釋（1979年）	5	盒裝	$15.00
1TSC208	勸發菩提心文淺釋（1985年）	6	盒裝	$18.00
1TSC901	大乘百法明門論淺釋	5	盒裝	$15.00
1TVC201	佛遺教經淺釋 *附書	9	盒裝	$27.00

編號	事蹟傳記（中文錄音帶）	卷	包裝	價格
1TBC001	佛陀十大弟子傳	3	盒裝	$9.00
1TBC002	高僧傳	22	盒裝	$66.00

編號	宣化上人開示（中文錄音帶）	卷	包裝	價格
1TKC001	十法界不離一念心	3	盒裝	$9.00
1TKC002	佛七精華錄	5	盒裝	$15.00
1TKC003	念佛法門到彼岸	3	盒裝	$9.00

編號	宣化上人開示（中文錄音帶）	卷	包裝	價格
1TKC004	禪（開示）	3	盒裝	$9.00
1TKC006	觀音菩薩的智慧鑰匙	4	盒裝	$12.00
1TKC007	救世界教育的靈丹	3	盒裝	$9.00
1TKC008	正法的震撼 一九八八年臺灣弘法專集	12	盒裝	$30.00
1TKC009	宣化上人開示錄（一） 一九八八年馬來西亞弘法專集	4	盒裝	$12.00
1TKC010	宣化上人開示錄（二） 美加地區等弘法專集	6	盒裝	$18.00
1TKC011	宣化上人開示錄（四） 一九八九年臺灣弘法專集	7	盒裝	$21.00
1TKC012	宣化上人開示錄（五） 一九九〇年臺灣弘法專集	6	盒裝	$18.00
1TKC013	宣化上人開示錄（六） 一九九三年訪臺開示	5	盒裝	$15.00
1TKC014-20	宣化上人開示錄 一九九四年於美國之開示	7	單片	@$5.00
1TKC021	莫道念佛容易事	1	單片	$5.00
1TKC023	念經妙處多	1	單片	$5.00
1TKC024	供養三寶的規矩	1	單片	$5.00
1TKC025	如何增長智慧	1	單片	$5.00
1TKC026	修行人要認識境界	1	單片	$5.00

編號	宣化上人開示（中文錄音帶）	卷	包裝	價格
1TKC027	莫自稱居士	1	單片	$5.00
1TKC028	夢裏說夢	1	單片	$5.00
1TKC029	為什麼要放生	1	單片	$5.00
1TKK001-16	宣化上人開示錄 (粵語版)	16	單片	@$5.00
1TKK017	對面不識觀世音 (中粵版)	1	單片	$5.00
1TKK018	莫道念佛容易事 (中粵版)	1	單片	$5.00
1TKK019	父母是堂上活佛 (中粵版)	1	單片	$5.00
1TKM001	莫道念佛容易事 (國閩版)	1	單片	$5.00
1TKM002	對面不識觀世音 (國閩版)	1	單片	$5.00
1TKM003	父母是堂上活佛 (國閩版)	1	單片	$5.00
1TKM004	為什麼不可以殺生 (國閩版)	1	單片	$5.00
1TKM005	為什麼要受五戒 (國閩版)	1	單片	$5.00
1TKT001	宣化上人開示錄（三）(台語)	4	盒裝	$12.00
1TMT001	藥性賦	5	盒裝	$15.00

Code	Audio Tapes: Lecture by Ven. Master Hua (English only/Single)	Qty.	Pcs	Price
1TKE001	Guanyin Bodhisattva Is Our Brother	1	single	$5.00
1TKE002	The Patriarch Bodhidharma's Advent in China	1	single	$5.00
1TKE003	On Investigating a Meditation Topic	1	Single	$5.00
1TKE004	The State of Chan Meditation	1	single	$5.00
1TKE005	Both Good and Evil Exist in a single Thought	1	single	$5.00
1TKE006	Cultivate Merit and Virtue without Marks	1	single	$5.00

編號 Code	宣化上人法音錄音帶(中/英) Audio Tapes: Lecture by Ven. Master Hua (Bilingual Chinese/English only)	卷	包裝 Pcs.	價 Price
1TSB201	佛說四十二章經淺釋（盒裝） The Sutra in Forty-two Sections Spoken by the Buddha (set)	12	盒裝 1 set	$36.00
1TKB001	宣化上人開示錄（一九九四年美國開示） Ven. Master Hua's Talks on Dharma (1994)	12	單片 1 Pc	@$5.00
1TKB002	宣化上人開示錄（一九九三年訪臺開示） Ven. Master Hua's Talks on Dharma during the 1993 Trip to Taiwan (1 set)	6	盒裝	$18.00
1TKB003	正法的代表 A Sure Sign of the Proper Dharma (1set)	2	盒裝	$10.00
1TKB004	百年大事渾如夢 The Great Events of One Hundred Years Are Hazy As If a Dream (set)	1	盒裝	$5.00
1TKB005	皈依的真義*附書 The True Meaning of Taking Refuge (set) (With pocket-size book)	1	盒裝	$5.00

編號	梵唄錄音帶	卷	包裝	價格
2TMB001	萬佛城合唱曲（中英）	1	單片	$5.00
2TSC001	楞嚴咒誦	1	單片	$5.00
2TSC002	大悲咒誦	1	單片	$5.00
2TSC003	大悲懺	1	單片	$5.00
2TSC008	觀世音菩薩聖號	1	單片	$5.00
2TSC012	楞嚴咒誦（學習版）	1	單片	$5.00
2TSC013	圓音落落——華嚴懺	2	雙片	$5.00
2TSC014	洪名超三界——南無阿彌陀佛聖號	1	單片	$5.00

編號	梵唄光碟 Cds	片	包裝	價格
2CDS001	圓音落落——華嚴懺	2	雙片	$15.00
2CDS002	大悲大咒通地天——大悲懺・大悲咒	2	雙片	$15.00
2CDS003	The Three Cart Patriarch (English)	1	single	$15.00

編號	錄影帶 Video Tapes	卷	包裝	價格
1VBC001	上人追思專輯暨荼毗大典（中文） A Memorial Video of the Life of Ven. Master Hua's and the Cremation Ceremony (Chinese)	1	Pc	$15.00
1VBC002	南傳北傳大團結（中文） Uniting Mahayana and Theravada Buddhism (Chinese)	1	Pc	$15.00
1VBC003	修行在聖城（中文） Cultivation at the Sagely City (Chinese)	1	Pc	$15.00
1VBC004	傳戒在聖城（中文） Ordination at the Sagely City (Chinese)	1	Pc	$15.00
1VBE001	A Memorial Video of the Life of Ven. Master Hua's and the Cremation Ceremony (English)	1	Pc	$15.00

編號 Code	佛教文物Buddhist Gifts	No.	Pcs	US Price
ZL001-20	宣公上人法語書籤（風景組/20張）	1	單張/1 pc	$0.25
	Bookmarks of Ven. Master Hua's Words (20 pieces)	20	一套/1 set	$5.00
ZL021-41	宣公上人法語書籤（國畫組/21張）	1	單張/1 pc	$0.25
	Bookmarks of Ven. Master Hua's Words (Chinese Painting/ 21 pieces)	21	一套/1 set	$5.25
ZP001-38	萬佛聖城風景明信片（38張/盒裝）	1	38 單張/1 pc	$0.25
	Scenery Post Cards of CTTB (38 pieces/ hard cover)		一套/1 set	$9.50
ZC001-7	萬佛聖城風景卡片（7張）	1	7 單張/1 pc	$0.25
	Picture Set of CTTB (7 pieces)		一套/1 set	$1.75

2BMB001

Vajra Bodhi Sea

Vajra Bodhi Sea is a monthly journal of orthodox Buddhism which has been published by the Dharma Realm Buddhist Association, formerly known as the Sino-American Buddhist Association, since 1970. Each issue contains the most recent translations of the Buddhist canon by the Buddhist Text Translation Society. Also included in each issue are a biography of a great Patriarch of Buddhism from the ancient past, sketches of the lives of contemporary monastics and lay-followers around the world, articles on practice, and other material. The journal is bilingual, Chinese and English, 48 pages in an 8 1/2" by 11" format. ISSN 0507-6986. Single issues, $4.00. One year subscription, $40.00; three years, $100.00. (Postage is included in the subscription fee.) Send orders to:

Vajra Bodhi Sea subscriptions
800 Sacramento Street
San Francisco, CA 94108
(415) 421-6117

月刊	中英版	價格US
萬佛城月刊金剛菩提海雜誌	單行本	$4.00
	訂閱一年	$40.00
	訂閱二年	$75.00
	訂閱三年	$100.00

郵購須知

郵費及手續費：

每六片錄音帶照一本書計費。郵購不足六本書，照下列計費法：

郵購超過六本，請將郵購單寄至上列地址估計費用。

美國境內：若購買一本書$2.00美元。二本書以上每冊$0.75美元。

以四級郵遞，需時兩星期至一個月。

美國境外：若購買一本書$2.50美元，二本書以上每冊$1.25美元。

陸運。郵遞容易遺失之地，請掛號郵寄：每包十本書另加郵資$3.75美元。

郵件若有遺失，本會不負任何責任。郵遞時間需時二至三個月。

◆加州居民另加上8.25%之稅金。瑜伽區另加上7.25%之稅金。

◆支票抬頭請寫D.R.B.A.

郵購請先付款，包括郵費及手續費。郵購單請寄：

佛經翻譯委員會 Buddhist Text Translation Society
萬佛聖城 Sagely City of Ten Thousand Buddhas
4951 Bodhi Way
Ukiah, CA 95482, U.S.A.
電話: (707) 462-0939 傳真: (707) 462-0949

或

佛經翻譯委員會 Buddhist Text Translation Society
國際譯經學院 International Translation Institute
1777 Murchison Drive
Burlingame, CA 94010-4504 U.S.A.
電話: (650) 692-5912 傳真: (650) 692-5056

Información sobre Pedidos y Encargos

http://www.bttsonline.org

Franqueo y Envío

Las siguientes tarifas de franqueo y envío corresponden a pedidos de hasta seis libros. Seis cassettes de audio equivalen a un libro. Para pedidos mayores a seis libros, sugerimos que el comprador exponga su pedido, a fin de precisar la cotización del franqueo y envío.

- **Estados Unidos**: U$2.00 por el primer libro y U$0.75 por cada libro adicional. Todas las publicaciones son enviadas por "Clase Cuarta Especial". La entrega demora de dos a tres semanas.

- **Internacional**: U$2.50 por el primer libro y U$1.50 por cada libro adicional. Todas las publicaciones son enviadas por "Book Rate", o bolsa de correo directo. Para los países en donde los paquetes puedan extraviarse, sugerimos que los pedidos sean enviados por correo certificado, en cuyo caso se agregan U$3.25 por paquete de diez libros. La entrega demora de dos a tres semanas. No nos responsabilizamos por los paquetes extraviados en el correo.

➢Los residentes en California deben agregar el 8.25 % de impuestos.

➢Los cheques deben ser reembolsables a: D.R.B.A.

Todos los pedidos requieren de un prepago, incluyendo cuotas de franqueo y envío, antes de ser remitidos al comprador. Presentar los pedidos a:

Buddhist Text Translation Society
Sagely City of Ten Thousand Buddhas
4951 Bodhi Way
Ukiah, CA95482, U.S.A.
Teléfono: (707)462-0939; Fax: (707)462-0949

o también a:

Buddhist Text Translation Society
International Translation Institute
1777 Murchison Drive
Burlingame, Ca 94010-4504 U.S.A.
Teléfono: (415)692-5912; Fax: (415) 692-5056

Las publicaciones de la Sociedad de Traducción de Textos Budistas (Buddhist Text Translation Society) se ofrecen a la venta en la mayoría de las sucursales de la Asociación Budista del Reino del Dharma (Dharma Realm Buddhist Association), y en algunos locales de venta al por menor.

法界佛教總會・萬佛聖城
Dharma Realm Buddhist Association
The City of Ten Thousand Buddhas
4951 Bodhi Way, Ukiah, CA 95482, U.S.A
Tel: (707) 462-0939 Fax: (707) 462-0949
http://www.drba.org
E-mail: cttb@jps.net

法界聖城 The City of the Dharma Realm
1029 West Capitol Ave., West Sacramento, CA 95691 U.S.A.
Tel/Fax: (916) 374-8268
E-mail: drbacdr@jps.net

國際譯經學院 The International Translation Institute
1777 Murchison Drive, Burlingame, CA 94010-4504 U.S.A.
Tel: (650) 692-5912 Fax: (650) 692-5056

法界宗教研究院 Institute for World Religions
(Berkeley Buddhist Monastery)
2304 McKinley Avenue, Berkeley, CA 94703 U.S.A.
Tel: (510) 848-3440 Fax: (510) 548-4551
E-mail: paramita@drba.org

金山聖寺 Gold Mountain Monastery
800 Sacramento Street, San Francisco, CA 94108 U.S.A.
Tel: (415) 421-6117 Fax: (415) 788-6001
E-mail: drbagmm@jps.net

金聖寺 Gold Sage Monastery
11455 Clayton Road, San Jose, CA 95127 U.S.A.
Tel: (408) 923-7243 Fax: (408)923-1064
E-mail: chinesebtts@hotmail.com

金輪聖寺 Gold Wheel Monastery
235 North Avenue 58, Los Angeles, CA 90042 U.S.A.
Tel/Fax: (323) 258-6668
E-mail: drbagwm@pacbell.net

長堤聖寺 Long Beach Monastery
3361 East Ocean Boulevard, Long Beach, CA 90803 U.S.A.
Tel/Fax: (562) 438-8902

福祿壽聖寺 Blessings, Prosperity, and Longevity Monastery
4140 Long Beach Boulevard, Long Beach, CA 90807 U.S.A.
Tel/Fax: (562) 595-4966

華嚴精舍 Avatamsaka Hermitage
9601 Seven Locks Road, Bethesda, MD 20817-9997
Tel/Fax: (301) 469-8300
E-mail: hwa_yean88@msn.com

金峰聖寺 Gold Summit Monastery
233 First Avenue West, Seattle, WA 98119 U.S.A.
Tel/Fax: (206)284-6690

金佛聖寺 Gold Buddha Monastery
248 E. 11th Avenue,
Vancouver, B.C. V5T 2C3 CANADA
Tel/Fax: (604) 709-0248
E-mail: drbagbm@mdi.ca

華嚴聖寺 Avatamsaka Monastery
1009-4th Avenue, S.W. Calgary,
AB T2P OK8 Canada
Tel/Fax: (403) 234-0644
E-mail: avatam2000@yahoo.ca

法界佛教印經會 Dharma Realm Buddhist Books Distribution Society
臺灣省臺北市忠孝東路六段85號11樓
Tel: (02) 2786-3022, 2786-2474 Fax: (02) 2786-2674
E-mail: drbbds@ms1.seeder.net

法界聖寺 Dharma Realm Sagely Monastery
臺灣省高雄縣六龜鄉興龍村東溪山莊20號
Tel: (07) 689-3713 Fax: (07)689-3870

彌陀聖寺 Amitabha Monastery
臺灣省花蓮縣壽豐鄉池南村四建會7號
Tel: (03) 865-1956 Fax: (03) 865-3426

紫雲洞觀音寺 Tze Yun Tung Temple
5 1/2 , Jalan Sungai Besi, Salak Selatan, 57100 Kuala Lumpur, Malaysia
Tel: (03) 782-6560 Fax: (03) 780-1272
E-mail: shengh@pd.jaring.my

登彼岸觀音堂 Deng Bi An Kun Yan Thong Temple
161, Jalan Ampang, 50450 Kuala Lumpur, Malaysia
Tel: (03) 2164-8055 Fax: (03)2163-7118

蓮花精舍 Lotus Vihara
136, Jalan Sekolah, 45600 Batang Berjuntai, Selangor Darul Ehsan, Malaysia
Tel: (03) 3271-9439

佛教講堂 Buddhist Lecture Hall
香港跑馬地黃泥涌道31號12樓
Tel/Fax: 2572-7644
31 Wong Nei Chong Road, Top Floor, Happy Valley, Hong Kong, China